Śródziemnomorska podróż kulinarna

100 PRZEPISÓW NA
ODKRYWANIE BOGATYCH
SMAKÓW I TRADYCJI MORZA
ŚRÓDZIEMNEGO

Kajetan Majewski

Wszelkie prawa zastrzeżone.

Zastrzeżenie

Informacje zawarte w tym eBooku mają służyć jako kompleksowy zbiór strategii, na temat których autor tego eBooka przeprowadził badania. Streszczenia, strategie, porady i triki stanowią jedynie rekomendację autora i przeczytanie tego eBooka nie gwarantuje, że uzyskane wyniki będą dokładnie odzwierciedlać wyniki autora. Autor eBooka dołożył wszelkich starań, aby zapewnić czytelnikom eBooka aktualne i dokładne informacje. Autor i jego współpracownicy nie ponoszą odpowiedzialności za jakiekolwiek niezamierzone błędy lub pominięcia, które mogą zostać znalezione. Materiał zawarty w eBooku może zawierać informacje pochodzące od osób trzecich. Materiały stron trzecich zawierają opinie wyrażone przez ich właścicieli. W związku z tym autor eBooka nie ponosi odpowiedzialności za jakiekolwiek materiały lub opinie osób trzecich. Niezależnie od tego, czy chodzi o rozwój Internetu, czy też o nieprzewidziane zmiany w polityce firmy i wytycznych dotyczących publikacji, to, co zostało uznane za fakt w chwili pisania tego tekstu, może później stać się nieaktualne lub nie mieć zastosowania.

EBook objęty jest prawami autorskimi © 2023 , wszelkie prawa zastrzeżone. Rozpowszechnianie, kopiowanie lub tworzenie dzieł pochodnych na podstawie tego eBooka w całości lub w części jest nielegalne. Żadna część tego raportu nie może być powielana ani retransmitowana w jakiejkolwiek formie bez pisemnej i podpisanej zgody autora.

SPIS TREŚCI

SPIS TREŚCI..4

WSTĘP..8

PRZYSTAWKI ŚRÓDZIEMNOMORSKIE..........................10

1. CHRUPIĄCE PLACUSZKI Z KREWETKAMI..............................11
2. NADZIEWANE POMIDORY...14
3. PLACUSZKI Z SOLONEGO DORSZA Z AIOLI..........................17
4. KROKIETY Z KREWETKAMI..21
5. CHRUPIĄCE, PIKANTNE ZIEMNIAKI..24
6. KREWETKI S GAMBAS...27
7. WINEGRET Z MAŁŻY...30
8. PAPRYKA NADZIEWANA RYŻEM..33
9. KALMARY Z ROZMARYNEM I OLIWĄ CHILI..........................36
10. SAŁATKA TORTELLINI..39
11. SAŁATKA Z MAKARONEM CAPRESE...................................42
12. BRUSCHETTA BALSAMICZNA...44
13. KULKI DO PIZZY..47
14. PRZEKĄSKI Z PRZEGRZEBKÓW I PROSCIUTTO.................50
15. BAKŁAŻANY Z MIODEM...53
16. KIEŁBASA GOTOWANA W CYDRZE.....................................56
17. WŁOSKIE KAWAŁKI CIASTA Z KURCZAKIEM.....................58
18. HISZPAŃSKIE KEBABY WOŁOWE..60
19. CHRUPIĄCA WŁOSKA MIESZANKA POPCORNU................64
20. KULKI ARANCINI...67
21. MANCHEGO Z KONFITURĄ POMARAŃCZOWĄ..................72
22. WŁOSKIE NACHOS...76
23. KURCZAK PINTXO..80
24. WŁOSKIE OPAKOWANIA Z WOŁOWINĄ.............................83

25. Roll-upy włoskie pepperoni...................86

DANIE GŁÓWNE ŚRÓDZIEMNOMORSKIEJ.............89

26. Włoski Hiszpański Ryż.......................90
27. Włoska Twist Paella.........................94
28. Hiszpańska sałatka ziemniaczana.............99
29. Hiszpańska carbonara.......................103
30. Pulpety w sosie pomidorowym................106
31. Zupa z białej fasoli.......................109
32. Zupa rybna.................................112
33. Makaron i Fagioli..........................115
34. Zupa z klopsikami i tortellini.............118
35. Kurczak Marsala............................121
36. Kurczak z czosnkowym serem Cheddar.........124
37. Kurczak Fettuccini Alfredo.................127
38. Ziti z Kiełbasą............................130
39. Kiełbasa i Papryka.........................133
40. Soczysta lasagne...........................136
41. Kolacja z owocami morza Diavolo............140
42. Linguine i krewetki Scampi.................143
43. Krewetki z Sosem Kremowym Pesto............146
44. Zupa rybna i chorizo.......................149
45. Hiszpański ratatuj.........................152
46. Gulasz z fasoli i chorizo..................155
47. Gazpacho...................................158
48. Kalmary i Ryż..............................162
49. Gulasz z królika w pomidorach..............165
50. Krewetki z Koprem Włoskim..................168

DESER ŚRÓDZIEMNOMORSKI........................171

51. Czekoladowa Panna Cotta....................172
52. Serowa Galette z Salami....................175
53. Tiramisu...................................178
54. Kremowe ciasto z ricottą...................181

55. Ciasteczka anyżowe...183
56. Panna Cotta...186
57. Ciasto Karmelowe...189
58. Krem kataloński...192
59. Hiszpański krem pomarańczowo-cytrynowy...........195
60. Pijany melon..198
61. Sorbet migdałowy..200
62. Hiszpański tort jabłkowy.......................................203
63. Krem karmelowy..207
64. Sernik hiszpański...210
65. Hiszpański smażony krem....................................213
66. Włoskie ciasto z karczochami...............................217
67. Włoskie pieczone brzoskwinie..............................220
68. Pikantne włoskie ciasto śliwkowo-śliwkowe..........223
69. Hiszpańskie cukierki orzechowe............................227
70. Miód i budyń _...229
71. Hiszpański tort cebulowy.....................................232
72. Suflet hiszpański z patelni....................................235
73. Mrożony Miód Semifreddo...................................237
74. zabajone...241
75. Affogato..244

NAPOJE ŚRÓDZIEMNOMORSKIE....................246

76. Rum i Imbir..247
77. Włoska śmietanka sodowa..................................249
78. Hiszpańska Sangria...251
79. Tinto de Verano..254
80. Sangria z białego wina..256
81. Horchata..259
82. Licor 43 Cuba Libre...262
83. Owoce Agua Fresca..264
84. Caipirinha...266
85. Carajillo..268

86. Likier cytrynowy..270
87. Sgroppino...273
88. Aperol Spritz..275
89. Włoska soda jeżynowa.....................................277
90. Włoska granita kawowa...................................279
91. Włoska lemoniada bazyliowa..........................281
92. Imbir..284
93. Hugo..286
94. Hiszpańskie frappé ze świeżych owoców..................289
95. Gorąca czekolada w stylu hiszpańskim..................291
96. Zielone Chinotto..293
97. Roza Spritz _...295
98. Honey bee cortado..297
99. Gorzkie cytrusy...299
100. Pisco Kwaśny...302

WNIOSEK..**304**

WSTĘP

Witamy w „Śródziemnomorskiej podróży kulinarnej". Region śródziemnomorski, z zapierającymi dech w piersiach krajobrazami i różnorodną kulturą, od dawna słynie z tętniącej życiem kuchni, która odzwierciedla istotę samego życia. Ta książka kucharska jest zaproszeniem do zanurzenia się w smakach, kolorach i historiach, które ukształtowały kulinarny gobelin tego ponadczasowego regionu.

Od wybrzeży Grecji po wzgórza Włoch, od rynków Maroka po winnice Hiszpanii, każdy zakątek Morza Śródziemnego oferuje wyjątkowe i urzekające doznania kulinarne. Na tych stronach odkryjesz starannie dobraną kolekcję przepisów, które składają hołd bogactwu regionu w postaci świeżych składników, aromatycznych ziół i odważnych przypraw. Niezależnie od tego, czy odtwarzasz tradycyjne danie rodzinne, czy rozpoczynasz nową kulinarną przygodę, te przepisy oddają serce i duszę kuchni śródziemnomorskiej.

Przygotuj się na inspirację prostotą i elegancją, które definiują kuchnię śródziemnomorską,

Nasza wspólna podróż będzie obejmować mieszankę owoców morza, pachnących oliw z oliwek, warzyw muśniętych słońcem i zachwycających melodii śmiechu przy stole. Zagłębiając się w przepisy, nie tylko opanujesz techniki, ale także rozwiniesz uznanie dla radości płynącej ze gromadzenia, dzielenia się i rozkoszowania się przyjemnościami życia.

PRZYSTAWKI ŚRÓDZIEMNOMORSKIE

1. Chrupiące placuszki z krewetkami

Serwuje 6

Składniki :

- ½ funta małych krewetek, obranych
- 1 ½ szklanki ciecierzycy lub zwykłej mąki
- 1 łyżka posiekanej świeżej natki pietruszki płaskolistnej
- 3 szalotki, biała część i trochę delikatnych zielonych wierzchołków, drobno posiekane
- ½ łyżeczki słodkiej papryki/pimentonu
- Sól
- Oliwa z oliwek do głębokiego smażenia

Wskazówki :

a) Ugotuj krewetki w rondlu z wystarczającą ilością wody, aby je przykryć, i zagotuj na dużym ogniu.

b) W misce lub robocie kuchennym wymieszaj mąkę, pietruszkę, szalotkę i pimentón, aby wyrobić ciasto. Dodaj ostudzoną wodę z gotowania i szczyptę soli.

c) Mieszaj lub przetwarzaj, aż uzyskasz konsystencję nieco grubszą niż ciasto naleśnikowe. Po przykryciu przechowywać w lodówce przez 1 godzinę.

d) Wyjmij krewetki z lodówki i drobno je posiekaj. Zmielona kawa powinna być wielkości kawałków.

e) Wyjmij ciasto z lodówki i dodaj krewetki.

f) Na ciężką patelnię wlej oliwę z oliwek na głębokość około 1 cala i podgrzej na dużym ogniu, aż zacznie praktycznie dymić.

g) Na każdy placek wlać 1 łyżkę ciasta do oleju i spłaszczyć ciasto grzbietem łyżki, tworząc okrągły placek o średnicy 3 1/2 cala.

h) Smażyć przez około 1 minutę z każdej strony, obracając raz lub do momentu, aż placki będą złociste i chrupiące.

i) Wyjmij placki za pomocą łyżki cedzakowej i ułóż je w naczyniu żaroodpornym.

j) Podawaj od razu.

2. Nadziewane pomidory

Składniki :

- 8 małych pomidorów lub 3 duże
- 4 jajka na twardo, ostudzone i obrane
- 6 łyżek Aioli lub majonezu
- Sól i pieprz
- 1 łyżka posiekanej natki pietruszki
- 1 łyżka białej bułki tartej, jeśli używasz dużych pomidorów

Wskazówki :

a) Pomidory zanurzyć w misce z lodowatą lub bardzo zimną wodą, po oskórowaniu ich w garnku z wrzącą wodą przez 10 sekund.

b) Odetnij wierzchołki pomidorów. Za pomocą łyżeczki lub małego, ostrego noża zeskrob nasiona i wnętrze.

c) W misce wymieszaj jajka z Aioli (lub majonezem, jeśli używasz), solą, pieprzem i natką pietruszki.

d) Napełnij pomidory farszem, mocno je dociskając. W przypadku małych pomidorów załóż pokrywki pod wesołym kątem.

e) Napełnij pomidory do góry, mocno dociskając, aż wyrównają się. Przechowywać w lodówce przez 1 godzinę, a następnie pokroić w pierścienie za pomocą ostrego noża.

f) Udekoruj pietruszką.

3. Placuszki z solonego dorsza z Aioli

Serwuje 6

Składniki:

- 1 funt solonego dorsza, namoczonego
- 3 1/2 uncji suszonej białej bułki tartej
- 1/4 funta mącznych ziemniaków
- Oliwa z oliwek do płytkiego smażenia
- 1/4 szklanki mleka
- Kawałki cytryny i liście sałaty do podania
- 6 cebul dymki drobno posiekanych
- Aioli

Wskazówki:

a) W garnku z lekko osolonym wrzącą wodą gotuj ziemniaki bez skórki przez około 20 minut lub do miękkości. Odpływ.

b) Ziemniaki obierz, gdy tylko będą wystarczająco zimne, aby można było je wziąć, a następnie rozgnieć widelcem lub tłuczkiem do ziemniaków.

c) W rondlu wymieszaj mleko, połowę dymki i zagotuj. Dodaj namoczonego dorsza i gotuj przez 10-15 minut lub do momentu, aż zacznie się łatwo łuszczyć. Zdejmij dorsza z patelni i rozdrobnij go widelcem do miski, usuwając kości i skórę.

d) Dodajemy 4 łyżki puree ziemniaczanego z dorszem i mieszamy drewnianą łyżką.

e) Dodaj oliwę z oliwek, a następnie stopniowo dodawaj pozostałe puree ziemniaczane. W misce wymieszaj pozostałe dymki i pietruszkę.

f) Do smaku doprawić sokiem z cytryny i pieprzem.

g) W osobnej misce ubij jedno jajko, aż dobrze się połączy, a następnie ostudź, aż masa będzie sztywna.

h) Z schłodzonej mieszanki rybnej uformuj 12-18 kulek, a następnie delikatnie spłaszcz je w małe okrągłe placuszki.

i) Każdy z nich należy najpierw posypać mąką, następnie zanurzyć w pozostałym ubitym jajku i wykończyć suchą bułką tartą.

j) Przechowywać w lodówce, aż będzie gotowy do smażenia.

k) Na dużej, ciężkiej patelni rozgrzej około 3/4 cala oleju. Smaż placki przez około 4 minuty na średnim ogniu.

l) Odwróć je i smaż przez kolejne 4 minuty lub do momentu, aż po drugiej stronie będą chrupiące i złociste.

m) Odsączyć na ręcznikach papierowych przed podaniem z Aioli, cząstkami cytryny i liśćmi sałaty.

4. Krokiety z krewetkami

Daje około 36 jednostek

Składniki :

- 3 1/2 uncji masła
- 4 uncje zwykłej mąki
- 1 1/4 litra zimnego mleka
- Sól i pieprz
- 14 uncji gotowanych obranych krewetek, pokrojonych w kostkę
- 2 łyżeczki przecieru pomidorowego
- 5 lub 6 łyżek drobnej bułki tartej
- 2 duże jajka, ubite
- Oliwa z oliwek do głębokiego smażenia

Wskazówki :

a) W średnim rondlu rozpuść masło i dodaj mąkę, ciągle mieszając.

b) Powoli wlewaj schłodzone mleko, ciągle mieszając, aż uzyskasz gęsty, gładki sos.

c) Dodać krewetki, obficie doprawić solą i pieprzem, następnie wymieszać z koncentratem pomidorowym. Gotuj przez kolejne 7 do 8 minut.

d) Weź niewielką łyżkę składników i zwiń ją w cylindryczne krokiety o średnicy 1 1/2-2 cali.

e) Obtocz krokiety w bułce tartej, następnie w roztrzepanym jajku i na koniec w bułce tartej.

f) Na dużej patelni o grubym dnie rozgrzej olej do głębokiego smażenia, aż osiągnie temperaturę 350°F, w przeciwnym razie kostka chleba stanie się złotobrązowa w ciągu 20-30 sekund.

g) Smażyć przez około 5 minut w partiach po nie więcej niż 3 lub 4 sztuki, aż uzyskają złoty kolor.

h) Za pomocą łyżki cedzakowej wyjmij kurczaka, odsącz na papierze kuchennym i natychmiast podawaj.

5. Chrupiące, pikantne ziemniaki

Porcje: 4

Składniki :

- 3 łyżki oliwy z oliwek
- 4 Rude ziemniaki, obrane i pokrojone w kostkę
- 2 łyżki posiekanej cebuli
- 2 ząbki czosnku, posiekane
- Sól i świeżo zmielony czarny pieprz
- 1 1/2 łyżki hiszpańskiej papryki
- 1/4 łyżeczki sosu Tabasco
- 1/4 łyżeczki mielonego tymianku
- 1/2 szklanki ketchupu
- 1/2 szklanki majonezu
- Posiekana natka pietruszki, do dekoracji
- 1 szklanka oliwy z oliwek do smażenia

Wskazówki :

Sos Brava:

a) W rondlu na średnim ogniu rozgrzej 3 łyżki oliwy z oliwek. Smaż cebulę i czosnek, aż cebula zmięknie.

b) Zdejmij patelnię z ognia i wymieszaj z papryką, sosem Tabasco i tymiankiem.

c) W misce wymieszaj ketchup i majonez.

d) Do smaku doprawić solą i pieprzem. Usuń z równania.

Ziemniaki:

e) Ziemniaki lekko doprawiamy solą i czarnym pieprzem.

f) Smażyć ziemniaki w 1 szklance (8 uncji) oliwy z oliwek na dużej patelni, aż będą złocistobrązowe i ugotowane, od czasu do czasu mieszając.

g) Odcedź ziemniaki na ręcznikach papierowych, spróbuj i dopraw solą, jeśli to konieczne.

h) Aby ziemniaki pozostały chrupiące, należy je wymieszać z sosem tuż przed podaniem.

i) Podawać na ciepło, udekorowane posiekaną natką pietruszki.

6. Krewetki S gambas

Serwuje 6

Składniki :

- 1/2 szklanki oliwy z oliwek
- Sok z 1 cytryny
- 2 łyżeczki soli morskiej
- 24 średnio duże krewetki w skorupach z nienaruszonymi głowami

Wskazówki :

a) W misce wymieszaj oliwę z oliwek, sok z cytryny i sól i wymieszaj, aż składniki się dokładnie połączą. Aby lekko pokryć krewetki, zanurz je w mieszance na kilka sekund.

b) Na suchej patelni rozgrzej olej na dużym ogniu. Pracując partiami, dodawaj krewetki w jednej warstwie, nie zapychając patelni, gdy jest bardzo gorąca. 1 minuta smażenia

c) Zmniejsz ogień do średniego i gotuj przez dodatkową minutę. Zwiększ ogień do wysokiego i smaż krewetki przez kolejne 2 minuty lub do złotego koloru.

d) Trzymaj krewetki w cieple w niskim piekarniku na żaroodpornym talerzu.

e) W ten sam sposób ugotuj pozostałe krewetki.

7. Winegret z małży

Porcje: Na 30 tapas

Składniki :

- 2 1/2 tuzina małży, wyszorowanych i usuniętych z brody. Rozdrobniona sałata
- 2 łyżki posiekanej zielonej cebuli
- 2 łyżki mielonego zielonego pieprzu
- 2 łyżki mielonej czerwonej papryki
- 1 łyżka posiekanej natki pietruszki
- 4 łyżki oliwy z oliwek
- 2 łyżki octu lub soku z cytryny
- Odrobina sosu z czerwonej papryki
- Sól dla smaku

Wskazówki :

a) Otwórz małże na parze.

b) Umieść je w dużym garnku z wodą. Przykryć i dusić na dużym ogniu, od czasu do czasu mieszając na patelni, aż muszle się otworzą. Zdejmij małże z ognia i wyrzuć te, które się nie otworzyły.

c) Małże można również podgrzać w kuchence mikrofalowej, aby je otworzyć. Podgrzewaj je w kuchence mikrofalowej przez jedną minutę przy maksymalnej mocy w naczyniu przeznaczonym do kuchenki mikrofalowej, częściowo przykrytym.

d) Po wymieszaniu wstawić do mikrofalówki na kolejną minutę. Wyjmij wszystkie małże, które się otworzyły i gotuj przez kolejną minutę w kuchence mikrofalowej. Usuń te, które są otwarte jeszcze raz.

e) Usuń i wyrzuć puste muszle, gdy będą wystarczająco zimne, aby można je było znieść.

f) Na tacy tuż przed podaniem połóż małże na posiekanej sałacie.

g) W naczyniu miksującym połącz cebulę, zieloną i czerwoną paprykę, pietruszkę, olej i ocet.

h) Sos solny i paprykowy do smaku. Napełnij muszle małży do połowy powstałą mieszanką.

8. Papryka nadziewana ryżem

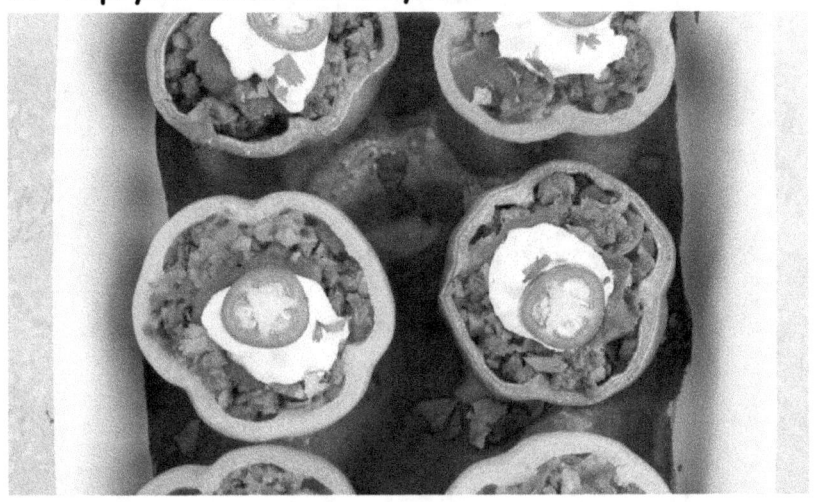

Porcje: 4

Składniki :

- 1 funt i 2 uncje krótkoziarnistego ryżu hiszpańskiego, takiego jak Bomba lub Calasparra
- 2-3 łyżki oliwy z oliwek
- 4 duże czerwone papryki
- 1 mała czerwona papryka, posiekana
- 1/2 cebuli, posiekanej
- 1/2 pomidora, obranego ze skóry i posiekanego
- 5 uncji mielonej/posiekanej wieprzowiny lub 3 uncje solonego dorsza
- Szafran
- Posiekana świeża pietruszka
- Sól

Wskazówki :

a) Łyżeczką wyskrob wewnętrzne błony, po odcięciu końcówek papryk i zachowaj je jako pokrywki do ponownego założenia później.

b) Rozgrzej oliwę i delikatnie podsmaż czerwoną paprykę, aż będzie miękka.

c) Cebulę podsmażamy do miękkości, następnie dodajemy mięso i lekko podsmażamy, po kilku minutach dodajemy pomidora, następnie dodajemy ugotowaną paprykę, surowy ryż, szafran i natkę pietruszki. Dopraw solą do smaku.

d) Ostrożnie napełnij papryki i ułóż je bokami na naczyniu żaroodpornym, uważając, aby nie rozlać nadzienia.

e) Gotuj naczynie w nagrzanym piekarniku przez około 1 1/2 godziny pod przykryciem.

f) Ryż gotuje się w płynie pomidorowo-paprykowym.

9. Kalmary z rozmarynem i oliwą chili

Porcje: 4

Składniki :

- Oliwa z oliwek z pierwszego tłoczenia
- 1 pęczek świeżego rozmarynu
- 2 całe czerwone papryczki chilli, pozbawione pestek i drobno posiekane 150 ml śmietanki
- 3 żółtka
- 2 łyżki startego parmezanu
- 2 łyżki mąki zwykłej
- Sól i świeżo zmielony czarny pieprz
- 1 ząbek czosnku, obrany i rozgnieciony
- 1 łyżeczka suszonego oregano
- Olej roślinny do głębokiego smażenia
- 6 Kalmary oczyścić i pokroić w krążki
- Sól

Wskazówki :

a) Aby przygotować sos, w małym rondlu rozgrzej oliwę z oliwek, dodaj rozmaryn i chili. Usuń z równania.

b) W dużej misce wymieszaj śmietanę, żółtka, parmezan, mąkę, czosnek i oregano. Mieszaj, aż ciasto będzie gładkie. Doprawić czarnym pieprzem, świeżo zmielonym.

c) Rozgrzej olej do 200°C do głębokiego smażenia lub do momentu, aż kostka chleba się zarumieni w ciągu 30 sekund.

d) Zanurzaj krążki kalmarów, pojedynczo, w cieście i ostrożnie umieszczaj je w oleju. Gotuj na złoty kolor, około 2-3 minuty.

e) Odcedź na papierze kuchennym i natychmiast podawaj z dressingiem. W razie potrzeby doprawić solą.

10. Sałatka Tortellini

Porcje: 8

Składniki :

- 1 opakowanie tortellini z serem trójkolorowym
- ½ szklanki pokrojonej w kostkę pepperoni
- ¼ szklanki pokrojonej szalotki
- 1 pokrojona w kostkę zielona papryka
- 1 szklanka przekrojonych na połówki pomidorków koktajlowych
- 1 ¼ szklanki pokrojonych w plasterki oliwek kalamata
- ¾ szklanki posiekanych marynowanych serc karczochów 6 uncji. pokrojony w kostkę ser mozzarella 1/3 szklanki sosu włoskiego

Wskazówki :

a) Ugotuj tortellini zgodnie z **instrukcją na opakowaniu** , następnie odcedź.

b) W dużej misce wymieszaj tortellini z pozostałymi **składnikami (oprócz sosu).**

c) Skropić dressingiem na wierzchu.

d) Odstawić na 2 godziny do wystygnięcia.

11. Sałatka z makaronem caprese

Porcje: 8

Składniki :

- 2 szklanki ugotowanego makaronu penne
- 1 szklanka pesto
- 2 pokrojone pomidory
- 1 szklanka pokrojonego w kostkę sera mozzarella
- Sól i pieprz do smaku
- 1/8 łyżeczki oregano
- 2 łyżeczki czerwonego octu winnego

Wskazówki :

a) Ugotuj makaron zgodnie z **instrukcją na opakowaniu** , co powinno zająć około 12 minut. Odpływ.

b) W dużej misce wymieszaj makaron, pesto, pomidory i ser; doprawić solą, pieprzem i oregano.

c) Skropić wierzch czerwonym octem winnym.

d) Odstawić na 1 godzinę do lodówki.

12. Bruschetta balsamiczna

Porcje: 8

Składniki :

- 1 szklanka pozbawionych pestek i pokrojonych w kostkę pomidorów romskich
- ¼ szklanki posiekanej bazylii
- ½ szklanki startego sera pecorino
- 1 zmielony ząbek czosnku
- 1 łyżka octu balsamicznego
- 1 łyżeczka oliwy z oliwek
- Sól i pieprz do smaku – ostrożnie, ponieważ ser sam w sobie jest nieco słony.
- 1 kromka bochenka chleba francuskiego
- 3 łyżki oliwy z oliwek
- ¼ łyżeczki czosnku w proszku
- ¼ łyżeczki bazylii

Wskazówki :

a) W naczyniu miksującym wymieszaj pomidory, bazylię, ser pecorino i czosnek.

b) W małej misce wymieszaj ocet i 1 łyżkę oliwy z oliwek; odłożyć. c) Skrop kromki chleba oliwą z oliwek, sproszkowanym czosnkiem i bazylią.

c) Ułożyć na blaszce do pieczenia i piec przez 5 minut w temperaturze 350 stopni.

d) Wyjmij z piekarnika. Następnie dodaj na wierzch mieszaninę pomidorów i sera.

e) W razie potrzeby doprawić solą i pieprzem.

f) Podawaj od razu.

13. Kulki do pizzy

Porcje: 10

Składniki :

- 1 funt pokruszonej mielonej kiełbasy
- 2 szklanki mieszanki Bisquick
- 1 posiekana cebula
- 3 posiekane ząbki czosnku
- ¾ łyżeczki przyprawy włoskiej
- 2 szklanki startego sera mozzarella
- 1 ½ szklanki sosu do pizzy – podzielone
- ¼ szklanki parmezanu

Wskazówki :

a) Rozgrzej piekarnik do 400 stopni Fahrenheita.

b) Przygotuj blachę do pieczenia, spryskując ją nieprzywierającym sprayem kuchennym.

c) W misce wymieszaj kiełbasę, mieszankę Bisquick, cebulę, czosnek, przyprawę włoską, ser mozzarella i 12 szklanek sosu do pizzy.

d) Następnie dodaj tyle wody, aby było wykonalne.

e) Rozwałkuj ciasto na 1-calowe kulki.

f) Posyp kulki pizzy parmezanem.

g) Następnie ułóż kulki na przygotowanej blasze.

h) Rozgrzej piekarnik do 350°F i piecz przez 20 minut.

i) Podawać z pozostałym sosem do pizzy z boku do maczania.

14. Przekąski z przegrzebków i prosciutto

Porcje: 8

Składniki :

- ½ szklanki pokrojonego w cienkie plasterki prosciutto
- 3 łyżki serka śmietankowego
- 1 funt przegrzebków
- 3 łyżki oliwy z oliwek
- 3 posiekane ząbki czosnku
- 3 łyżki sera parmezan
- Sól i pieprz do smaku – uważaj, bo prosciutto będzie słone

Wskazówki :

a) Nałóż niewielką warstwę serka śmietankowego na każdy plasterek prosciutto.

b) Następnie owiń plasterek prosciutto wokół każdej przegrzebki i zabezpiecz wykałaczką.

c) Na patelni rozgrzej oliwę z oliwek.

d) Smaż czosnek przez 2 minuty na patelni.

e) Dodać przegrzebki owinięte w folię i smażyć po 2 minuty z każdej strony.

f) Na wierzchu posmaruj parmezanem.

g) W razie potrzeby dodać sól i pieprz do smaku.

h) Wyciśnij nadmiar płynu papierowym ręcznikiem.

15. Bakłażany z miodem

Porcje : 2

Składniki :

- 3 łyżki miodu
- 3 bakłażany
- 2 szklanki mleka
- 1 łyżka soli
- 1 łyżka pieprzu
- 100 g mąki
- 4 łyżki oliwy z oliwek

Wskazówki :

a) Pokrój bakłażana w cienkie plasterki.

b) W naczyniu miksującym wymieszaj bakłażany. Do miski wlej tyle mleka, aby całkowicie zakryło bakłażany. Doprawić szczyptą soli.

c) Pozostawić na co najmniej godzinę do namoczenia.

d) Wyjmij bakłażany z mleka i odłóż je na bok. Używając mąki, obtocz każdy plasterek. Obtaczamy w mieszance soli i pieprzu.

e) Na patelni rozgrzej oliwę z oliwek. Plasterki bakłażana smażymy w głębokim tłuszczu w temperaturze 180 stopni C.

f) Połóż smażone bakłażany na ręcznikach papierowych, aby wchłonęły nadmiar oleju.

g) Skropić bakłażany miodem.

h) Podawać.

16. Kiełbasa gotowana w cydrze

Porcje : 3

Składniki :

- 2 szklanki cydru jabłkowego
- 8 kiełbasek chorizo
- 1 łyżka oliwy z oliwek

Wskazówki :

a) Chorizo pokroić w cienkie plasterki.

b) Na patelni rozgrzej olej. Rozgrzej piekarnik do średniego poziomu.

c) Wrzuć chorizo. Smażyć, aż kolor potrawy się zmieni.

d) Wlać cydr. Gotuj przez 10 minut lub do momentu, aż sos nieco zgęstnieje.

e) Do tego dania należy podawać chleb.

f) Cieszyć się!!!

17. Włoskie kawałki ciasta z kurczakiem

Porcje : 8 pakietów

Składnik

- 1 może Roladki Półksiężycowe (8 rolek)
- 1 filiżanka Posiekany, ugotowany kurczak
- 1 łyżka stołowa Sos do spaghetti
- ½ łyżeczki Mielony czosnek
- 1 łyżka stołowa Ser mozzarella

Wskazówki :

a) Rozgrzej piekarnik do 350 stopni Fahrenheita. Połącz kurczaka, sos i czosnek na patelni i smaż, aż się rozgrzeją.

b) Trójkąty wykonane z oddzielnych półksiężyców. Rozłóż mieszaninę kurczaka na środku każdego trójkąta.

c) W razie potrzeby w podobny sposób rozłóż ser.

d) Zsuń boki bułki i owiń wokół kurczaka.

e) Piecz na kamieniu do pieczenia przez 15 minut lub do złotego koloru.

18. Hiszpańskie kebaby wołowe

Porcje : 4 porcje

Składnik

- ½ szklanki Sok pomarańczowy
- ¼ szklanki Sok pomidorowy
- 2 łyżeczki Oliwa z oliwek
- 1 ½ łyżeczki Sok cytrynowy
- 1 łyżeczka Lub e gano, suszone
- ½ łyżeczki Papryka
- ½ łyżeczki Kminek, mielony
- ¼ łyżeczki Sól
- ¼ łyżeczki Pieprz, czerń
- 10 uncji Chuda wołowina bez kości; pokroić w 2-calowe kostki
- 1 średni Czerwona cebula; pokroić na 8 klinów
- 8 każdy pomidory koktajlowe

Wskazówki :

a) Aby przygotować marynatę, połącz sok pomarańczowy i pomidorowy, olej, sok z cytryny, oregano, paprykę, kminek, sól i pieprz w zamykanej plastikowej torbie o pojemności galona.

b) Dodaj kostki mięsa; zamknij torbę, wyciskając powietrze; wirować, aby obtoczyć wołowinę.

c) Przechowywać w lodówce przez co najmniej 2 godziny lub przez noc, od czasu do czasu obracając torebkę. Używając nieprzywierającego sprayu do gotowania, pokryj ruszt grilla.

d) Umieść ruszt grillowy w odległości 5 cali od węgli. Postępuj zgodnie z instrukcjami producenta dotyczącymi grillowania.

e) Odcedź stek i odłóż marynatę.

f) Za pomocą 4 metalowych lub namoczonych patyczków bambusowych nawlecz równe ilości wołowiny, cebuli i pomidorów.

g) Grilluj szaszłyki przez 15-20 minut lub do momentu, aż będą gotowe według własnych upodobań, często obracając i smarując zarezerwowaną marynatą.

19. Chrupiąca włoska mieszanka popcornu

Porcje : 10 porcji

Składnik

- 10 filiżanek prażony popcorn; 3,5 uncji, torebka do kuchenki mikrofalowej to jest to
- 3 filiżanki Kukurydziane przekąski w kształcie trąbki
- $\frac{1}{4}$ szklanki Margaryna lub masło
- 1 łyżeczka Przyprawa włoska
- $\frac{1}{2}$ łyżeczki Czosnek w proszku
- $\frac{1}{3}$ szklanki parmezan

Wskazówki :

a) W dużej misce, którą można podgrzewać w kuchence mikrofalowej, połącz popcorn i przekąskę kukurydzianą. W 1 filiżance mikro-bezpiecznej miarki połącz pozostałe **składniki** , z wyjątkiem sera.

b) Kuchenkę mikrofalową przez 1 minutę na poziomie WYSOKIM lub do momentu rozpuszczenia margaryny; zamieszać. Na wierzch wylej mieszankę popcornu.

c) Mieszaj, aż wszystko będzie równomiernie pokryte. Wstawić do kuchenki mikrofalowej, bez przykrycia, na 2-4 minuty, aż do zarumienienia, mieszając co minutę. Z wierzchu należy posypać parmezanem.

d) Podawać na gorąco.

20. Kulki Arancini

Daje 18

Składniki

- 2 łyżki oliwy z oliwek
- 15 g niesolonego masła
- 1 cebula, drobno posiekana
- 1 duży ząbek czosnku, zmiażdżony
- 350 g ryżu do risotto
- 150 ml białego wytrawnego wina
- 1,2 l gorącego bulionu z kurczaka lub warzyw
- 150 g parmezanu, drobno startego
- 1 cytryna, drobno starta
- 150 g kulki mozzarelli, pokrojonej na 18 małych kawałków
- olej roślinny do głębokiego smażenia

Do powłoki

- 150 g mąki zwykłej
- 3 duże jajka, lekko ubite

- 150 g drobno suszonej bułki tartej

Wskazówki :

a) W rondlu rozgrzej oliwę i masło, aż się spieni. Dodaj cebulę i szczyptę soli i gotuj przez 15 minut lub do momentu, aż zmięknie i będzie półprzezroczysty, na małym ogniu.

b) Po dodaniu czosnku smaż jeszcze przez minutę.

c) Dodaj ryż i gotuj przez kolejną minutę, zanim dodasz wino. Doprowadź płyn do wrzenia i gotuj, aż zredukuje się o połowę.

d) Wlać połowę bulionu i dalej miksować, aż wchłonie większość płynu.

e) Gdy ryż wchłonie płyn, dodawaj po łyżce pozostały bulion, ciągle mieszając, aż ryż będzie ugotowany.

f) Dodać parmezan i skórkę z cytryny, doprawić solą i pieprzem do smaku. Umieść risotto na blasze z wargami i odstaw do ostygnięcia do temperatury pokojowej.

g) Schłodzone risotto podziel na 18 równych części, każda wielkości piłki golfowej.

h) Spłaszcz w dłoni kulkę risotto i połóż na środku kawałek mozzarelli, następnie zawiń ser w ryż i uformuj kulkę.

i) Postępuj w ten sam sposób z pozostałymi kulkami risotto.

j) W trzech płytkich naczyniach wymieszaj mąkę, jajka i bułkę tartą. Każdą kulkę risotto należy najpierw obtoczyć w mące, następnie w jajkach, a na koniec w bułce tartej. Połóż na talerzu i odstaw.

k) Napełnij duży rondel o grubym dnie do połowy olejem roślinnym i podgrzewaj na średnio-małym ogniu, aż termometr do gotowania wskaże 170°C lub kawałek chleba stanie się złotobrązowy w ciągu 45 sekund.

l) Partiami wrzucaj kulki risotto na olej i smaż przez 8-10 minut lub do momentu, aż uzyskają złoty kolor i roztopią się w środku.

m) Ułożyć na blasze wyłożonej czystym ręcznikiem kuchennym i odstawić.

n) Podawaj arancini na ciepło lub z prostym sosem pomidorowym do maczania.

21. Manchego Z Konfiturą Pomarańczową

Składniki

Na około 4 filiżanki

- 1 główka czosnku
- 1 1/2 szklanki oliwy z oliwek i więcej do skropienia
- Sól koszerna
- 1 Sewilla lub pomarańcza pępkowa
- 1/4 szklanki cukru
- 1 funt młodego sera Manchego, pokrojonego na kawałki o wielkości 3/4 cala
- 1 łyżka drobno posiekanego rozmarynu
- 1 łyżka drobno posiekanego tymianku
- Pieczona bagietka

Wskazówki :

a) Rozgrzej piekarnik do 350 stopni Fahrenheita. ćwierć cala „Zdejmij górną część główki czosnku i połóż ją na kawałku folii. Dopraw solą i skrop oliwą.

b) Zawiń szczelnie w folię i piecz przez 35-40 minut lub do momentu, aż skórka będzie złotobrązowa, a goździki miękkie. Pozwól ostygnąć. Wyciśnij goździki do dużej miski do miksowania.

c) W tym samym czasie odetnij 1/4 cala pomarańczy, usuń górę i dół, przekrój wzdłuż na ćwiartki. Z każdej czwartej skórki usuń miąższ w jednym kawałku, pomijając biały rdzeń (zachowaj skórki).

d) Sok wyciśnięty z mięsa odlej do małego rondelka.

e) Skórkę pokrój na ćwierćcalowe kawałki i włóż do małego rondla z taką ilością zimnej wody, aby przykryła jeden cal. Doprowadzić do wrzenia, następnie odcedzić; zrób to jeszcze dwa razy, aby pozbyć się goryczy.

f) W rondlu wymieszaj skórki pomarańczy, cukier, sok pomarańczowy i 1/2 szklanki wody.

g) Doprowadzić do wrzenia; zmniejsz ogień do małego i gotuj na wolnym ogniu, regularnie mieszając, przez 20–30 minut lub do momentu, aż skórki będą miękkie, a płyn stanie się syropowy. Pozwól konfiturom pomarańczowym ostygnąć.

h) Wymieszaj w misce konfiturę pomarańczową, manchego, rozmaryn, tymianek i pozostałe 1 1/2 szklanki oleju z czosnkiem. Po przykryciu przechowywać w lodówce przez co najmniej 12 godzin.

i) Przed podaniem z tostami doprowadzić marynowane Manchego do temperatury pokojowej.

22. Włoskie Nachos

Porcje: 1

Składniki

Sos alfredo

- 1 szklanka pół na pół
- 1 szklanka gęstej śmietanki
- 2 łyżki niesolonego masła
- 2 posiekane ząbki czosnku
- 1/2 szklanki parmezanu
- Sól i pieprz
- 2 łyżki mąki

naczosy

- Opakowania wonton pocięte na trójkąty
- 1 Kurczak ugotowany i rozdrobniony
- Smażona Papryka
- Ser Mozzarella
- Oliwki
- Pietruszka posiekana
- Parmezan

- Olej do smażenia orzeszków ziemnych lub rzepaku

Wskazówki :

a) Dodaj niesolone masło do rondla i rozpuść na średnim ogniu.

b) Mieszaj czosnek, aż całe masło się rozpuści.

c) Szybko dodawaj mąkę i cały czas mieszaj, aż masa będzie zbita i złocista.

d) W misce wymieszaj ciężką śmietanę z pół na pół.

e) Doprowadzić do wrzenia, następnie zmniejszyć ogień i gotować przez 8-10 minut lub do momentu, aż zgęstnieje.

f) Doprawić solą i pieprzem.

g) Wontons: Rozgrzej olej na dużej patelni na średnim ogniu, około 1/3 wysokości.

h) Dodawaj pojedynczo wontony i podgrzewaj, aż spód będzie lekko złocisty, a następnie przewróć i smaż z drugiej strony.

i) Połóż ręcznik papierowy na odpływie.

j) Rozgrzej piekarnik do 350°F i wyłóż blachę do pieczenia papierem pergaminowym, a następnie wontony.

k) Na wierzch dodaj sos Alfredo, kurczaka, paprykę i ser mozzarella.

l) Umieścić pod brojlerem w piekarniku na 5-8 minut lub do momentu, aż ser się całkowicie roztopi.

m) Wyjmij z piekarnika i posyp oliwkami, parmezanem i natką pietruszki.

23. Kurczak Pintxo

Porcje 8

Składniki

- 1,8 funta udek z kurczaka bez skóry i kości, pokrojonych na 1-calowe kawałki
- 1 łyżka hiszpańskiej wędzonej papryki
- 1 łyżeczka suszonego oregano
- 2 łyżeczki mielonego kminku
- 3/4 łyżeczki soli morskiej
- 3 ząbki czosnku posiekane
- 3 łyżki posiekanej natki pietruszki
- 1/4 szklanki oliwy z oliwek z pierwszego tłoczenia
- Czerwony Sos Chimichurri

Wskazówki :

a) W dużej misce wymieszaj wszystkie składniki i dokładnie wymieszaj, aby pokryć kawałki kurczaka. Pozostawić do marynowania na noc w lodówce.

b) Bambusowe szaszłyki namocz w wodzie na 30 minut. Za pomocą szaszłyków nabij kawałki kurczaka.

c) Grilluj przez 8-10 minut lub do całkowitego ugotowania.

24. Włoskie opakowania z wołowiną

PORCJA 4

Składniki

- 1 łyżeczka oliwy z oliwek
- 1/2 szklanki zielonej papryki, pokrojonej w paski
- 1/2 szklanki cebuli, pokrojonej w paski
- 1/2 pepperoncini, pokrojonej w cienkie plasterki
- 1/2 łyżeczki przyprawy włoskiej
- 8 plasterków włoskiej wołowiny Deli o grubości 1/8 cala
- 8 paluszków serowych

Wskazówki

a) Na średniej patelni rozgrzej olej na średnim ogniu. W misce wymieszaj oliwę z oliwek i następujące cztery składniki. Gotuj przez 3-4 minuty lub do momentu, aż będzie chrupiąca i miękka.

b) Mieszankę wyłóż na talerz i odstaw na 15 minut do ostygnięcia.

c) Jak to połączyć: Na desce do krojenia połóż na płasko cztery plastry włoskiej wołowiny. Połóż 1 paluszek sera sznurkowego na środku każdego kawałka mięsa, w poprzek.

d) Na wierzch dodaj część mieszanki papryki i cebuli. Złóż jedną stronę plastra wołowiny na mieszankę sera i warzyw, a następnie zawiń, łączeniem w dół.

e) Złóż roll-upy na talerzu.

25. Roll-upy włoskie pepperoni

Porcje 35

Składniki

- 5 10-calowych tortilli pszennych (szpinak, suszony pomidor lub biała mąka)
- 16 uncji zmiękczonego serka śmietankowego
- 2 łyżeczki mielonego czosnku
- 1/2 szklanki kwaśnej śmietany
- 1/2 szklanki sera parmezan
- 1/2 szklanki włoskiego sera tartego lub sera mozzarella
- 2 łyżeczki przyprawy włoskiej
- 16 uncji plasterków pepperoni
- 3/4 szklanki drobno posiekanej żółtej i pomarańczowej papryki
- 1/2 szklanki drobno posiekanych świeżych grzybów

Wskazówki :

a) W misie miksującej ubijaj serek śmietankowy na gładką masę. W misce wymieszaj czosnek, śmietanę, sery i przyprawę włoską. Mieszaj, aż wszystko będzie dobrze wymieszane.

b) Rozłóż mieszaninę równomiernie pomiędzy 5 tortillami z mąki. Pokryj całą tortillę masą serową.

c) Na wierzchu mieszanki serowej ułóż warstwę pepperoni.

d) Na pepperoni nałóż grubo pokrojone papryki i grzyby.

e) Zwiń ciasno każdą tortillę i zawiń ją w folię spożywczą.

f) Odstawić na co najmniej 2 godziny do lodówki.

DANIE GŁÓWNE ŚRÓDZIEMNOMORSKIEJ

26. Włoski Hiszpański Ryż

Porcje : 6

Składniki :

- Puszka 1-28 uncji włoskich pomidorów pokrojonych w kostkę lub rozgniecionych

- 3 szklanki dowolnego rodzaju gotowanego na parze białego ryżu długoziarnistego, ugotowanego na opakowanie

- 3 łyżki oleju rzepakowego lub roślinnego

- 1 pokrojona i oczyszczona papryka

- 2 ząbki świeżego czosnku posiekane

- 1/2 szklanki czerwonego wina, bulionu warzywnego lub bulionu

- 2 łyżki posiekanej świeżej pietruszki

- 1/2 łyżeczki suszonego oregano i suszonej bazylii

- sól, pieprz, cayenne do smaku

- Dekoracja: tarty parmezan i mieszanka sera Romano

- Możesz także dodać dowolne resztki ugotowanego mięsa bez kości: pokrojony w kostkę stek, pokrojony w kostkę kotlet schabowy, pokrojony w kostkę kurczak lub spróbuj użyć pokruszonych klopsików lub pokrojonej włoskiej kiełbasy gotowanej.

- Opcjonalnie warzywa: pokrojona w kostkę cukinia, pokrojone w plasterki pieczarki, starta marchewka, groszek lub inne warzywa według upodobań.

Wskazówki :

a) Na dużą patelnię wlej oliwę, paprykę i czosnek i smaż przez 1 minutę.

b) Dodaj pokrojone w kostkę lub rozgniecione pomidory, wino i pozostałe składniki na patelnię.

c) Gotuj na wolnym ogniu przez 35 minut lub dłużej, jeśli dodasz więcej warzyw.

d) Jeśli używasz, dodaj przygotowane mięso i podgrzewaj je w sosie przez około 5 minut, a następnie dodaj ugotowany biały ryż.

e) Ponadto, jeśli używasz, mięso jest już ugotowane i wystarczy je tylko podgrzać w sosie.

f) Przed podaniem nałóż sos na talerz z mieszanym ryżem i posyp tartym serem i świeżą natką pietruszki.

27. Włoska Twist Paella

Porcje: 4

Składniki

- 2 udka kurczaka ze skórą, przyrumienione

- 2 udka z kurczaka, ze skórą, przyrumienione

- 3 duże kawałki włoskich kiełbasek, zrumienionych, a następnie pokrojonych na 1-calowe kawałki

- 1 czerwona i żółta papryka, pokrojona w paski i wstępnie upieczona

- 1 pęczek młodych brokułów, wstępnie ugotowanych

- 1 ½ szklanki ryżu krótkoziarnistego, np. carnaroli lub arborio

- 4 szklanki bulionu z kurczaka, podgrzanego

- 1 szklanka puree z pieczonej czerwonej papryki

- ¼ szklanki wytrawnego białego wina

- 1 średnia cebula, pokrojona w dużą kostkę

- 4 duże ząbki czosnku, ogolone
- tarty parmezan lub ser romano
- Oliwa z oliwek

Wskazówki :

a) Rozpocznij od przysmażenia kawałków kurczaka na patelni do paelli, aby uzyskać dobrą skórkę po obu stronach i prawie do ugotowania, ale nie do końca, a następnie odłóż na bok.

b) Wytrzyj nadmiar oleju z patelni, a następnie wytrzyj nadmiar oleju z ogniw kiełbasy.

c) Na dużej patelni skrop oliwą z oliwek, dodaj posiekany czosnek i cebulę i smaż, aż będą miękkie i złociste.

d) Dodaj wino i gotuj przez minutę.

e) Połącz cały ryż z połową puree z czerwonej papryki lub odrobiną więcej. Mieszaj, aż równomiernie się pokryje, a następnie wciśnij mieszaninę ryżu na dno patelni.

f) Do ryżu dodaj trochę startego sera, sól i pieprz.

g) Ułóż kawałki kiełbasy wraz z kawałkami kurczaka wokół patelni.

h) W kreatywny sposób ułóż pozostałe warzywa wokół mięsa.

i) Ostrożnie nałóż na wierzch wszystkie 4 szklanki ciepłego bulionu.

j) Za pomocą pędzla do ciasta posmaruj kurczaka dodatkowym puree z czerwonej papryki, aby uzyskać więcej smaku, w razie potrzeby rozprowadź trochę więcej po całym kawałku kurczaka.

k) Gotuj na małym ogniu, luźno przykryty folią, aż wilgoć odparuje.

l) Rozgrzej piekarnik do 100°C i piecz przykrytą patelnię przez 15-20 minut, aby mięso było dobrze ugotowane.

m) Kontynuuj gotowanie na kuchence, aż ryż będzie miękki.

n) Całość powinna trwać około 45 minut.

o) Odstawić na kilka minut do ostygnięcia.

p) Udekorować świeżą bazylią i posiekaną natką pietruszki.

28. Hiszpańska sałatka ziemniaczana

Porcje: 4

Składniki :

- 3 średnie (16 uncji) ziemniaki
- 1 duża (3 uncje) marchewka, pokrojona w kostkę
- 5 łyżek łuskanego zielonego groszku
- 2/3 szklanki (4 uncje) zielonej fasoli
- 1/2 średniej cebuli, posiekanej
- 1 mała czerwona papryka, posiekana
- 4 ogórki koktajlowe, pokrojone w plasterki
- 2 łyżki młodych kaparów
- 12 oliwek nadziewanych anchois
- 1 jajko ugotowane na twardo, pokrojone w cienkie plasterki 2/3 szklanki (5 uncji) majonezu
- 1 łyżka soku z cytryny
- 1 łyżeczka musztardy Dijon

- Świeżo zmielony czarny pieprz do smaku.
  Posiekana świeża pietruszka do dekoracji

Wskazówki :

a) Ziemniaki i marchewkę ugotuj w rondlu w lekko osolonej wodzie. Doprowadzić do wrzenia, następnie zmniejszyć ogień i gotować, aż będzie prawie miękki.

b) Dodaj groszek i fasolę i gotuj na wolnym ogniu, mieszając od czasu do czasu, aż wszystkie warzywa będą miękkie. Odcedź warzywa i połóż je na talerzu do podania.

c) W dużej misce wymieszaj cebulę, paprykę, korniszony, młode kapary, oliwki nadziewane anchois i kawałki jajka.

d) Połącz całkowicie majonez, sok z cytryny i musztardę w osobnej misce. Wlać tę mieszaninę na półmisek i dobrze wymieszać, aby pokryć wszystkie **składniki** . Wymieszaj ze szczyptą soli i pieprzu.

e) Po udekorowaniu posiekaną natką pietruszki przechowywać w lodówce.

f) Aby poprawić smak sałatki, przed podaniem pozostaw ją w temperaturze pokojowej na około 1 godzinę.

29. Hiszpańska carbonara

Porcje: 2-3

Składniki

- 1 mała chorizo pokrojona w kostkę
- 1 ząbek czosnku drobno posiekany
- 1 mały pomidor pokrojony w kostkę
- 1 puszka garbanzo
- przyprawy suszone: sól, płatki chili, oregano, nasiona kopru włoskiego, anyż gwiazdkowaty
- pimenton (papryka) do jajek
- Oliwa z oliwek z pierwszego tłoczenia
- 2 jajka
- 4-6 uncji makaron
- dobrej jakości włoski ser

Wskazówki :

a) Na niewielkiej ilości oliwy podsmaż przez kilka minut czosnek, pomidor i chorizo, następnie dodaj fasolę oraz przyprawy płynne i suche. Doprowadzić do wrzenia, następnie zmniejszyć ogień do małego, aż płyn zredukuje się o połowę.

b) W międzyczasie zagotuj wodę na makaron i przygotuj jajka, które możesz włożyć na patelnię z garbanzo i wstawić do nagrzanego piekarnika. Dla dodania hiszpańskiego smaku posypuję je przygotowaną mieszanką przypraw i pimentonem.

c) To idealny moment na dodanie makaronu do garnka, gdy patelnia jest w piekarniku, a woda się gotuje. Oba powinny być gotowe w tym samym momencie.

30. Pulpety w sosie pomidorowym

Porcje: 4

Składniki :

- 2 łyżki oliwy z oliwek
- 8 uncji mielonej wołowiny
- 1 szklanka (2 uncje) świeżej białej bułki tartej
- 2 łyżki startego sera Manchego lub parmezanu
- 1 łyżka koncentratu pomidorowego
- 3 ząbki czosnku, drobno posiekane
- 2 szalotki, drobno posiekane
- 2 łyżeczki posiekanego świeżego tymianku
- 1/2 łyżeczki kurkumy
- Sól i pieprz do smaku
- 2 szklanki (16 uncji) posiekanych pomidorów śliwkowych z puszki
- 2 łyżki czerwonego wina

- 2 łyżeczki posiekanych świeżych liści bazylii
- 2 łyżeczki posiekanego świeżego rozmarynu

Wskazówki :

a) W misce wymieszaj wołowinę, bułkę tartą, ser, koncentrat pomidorowy, czosnek, szalotkę, jajko, tymianek, kurkumę, sól i pieprz.

b) Z powstałej mieszanki uformuj rękoma 12-15 twardych kulek.

c) Na patelni rozgrzej oliwę z oliwek na średnim ogniu. Smaż przez kilka minut lub do momentu, aż klopsiki zarumienią się ze wszystkich stron.

d) W dużej misce wymieszaj pomidory, wino, bazylię i rozmaryn. Gotuj, mieszając od czasu do czasu, przez około 20 minut lub do momentu, aż klopsiki będą gotowe.

e) Obficie posolić i pieprzyć, następnie podawać z blanszowanymi rapini, spaghetti lub pieczywem.

31. zupa z białej fasoli

Porcje: 4

Składniki :

- 1 posiekana cebula
- 2 łyżki oliwy z oliwek
- 2 posiekane łodygi selera
- 3 posiekane ząbki czosnku
- 4 szklanki fasoli cannellini z puszki
- 4 szklanki bulionu z kurczaka
- Sól i pieprz do smaku
- 1 łyżeczka świeżego rozmarynu
- 1 szklanka różyczek brokułów
- 1 łyżka oliwy truflowej
- 3 łyżki startego parmezanu

Wskazówki :

a) Na dużej patelni rozgrzej olej.

b) Na patelni smaż seler i cebulę przez około 5 minut.

c) Dodać czosnek i wymieszać do połączenia. Gotuj przez kolejne 30 sekund.

d) Dodać fasolę, 2 szklanki bulionu z kurczaka, rozmaryn, sól i pieprz, a także brokuły.

e) Doprowadzić płyn do wrzenia, a następnie zmniejszyć ogień na mały ogień na 20 minut.

f) Zmiksuj zupę blenderem ręcznym, aż uzyska pożądaną gładkość.

g) Zmniejsz ogień do małego i posyp oliwą truflową.

h) Zupę nalewamy do naczyń i przed podaniem posypujemy parmezanem.

32. Zupa rybna

Porcje: 8

Składniki :

- 32 uncje można pokroić pomidory w kostkę
- 2 łyżki oliwy z oliwek
- ¼ szklanki posiekanego selera
- ½ szklanki bulionu rybnego
- ½ szklanki białego wina
- 1 szklanka pikantnego soku V8
- 1 posiekana zielona papryka
- 1 posiekana cebula
- 4 posiekane ząbki czosnku
- Posolić pieprz do smaku
- 1 łyżeczka przyprawy włoskiej
- 2 obrane i pokrojone w plasterki marchewki
- 2 ½ funta pokrojonej tilapii

- ½ funta obranych i oczyszczonych krewetek

Wskazówki :

a) Najpierw w dużym garnku rozgrzej oliwę z oliwek.

b) Smaż paprykę, cebulę i seler przez 5 minut na gorącej patelni.

c) Następnie dodaj czosnek. Następnie gotuj przez 1 minutę.

d) W dużej misce wymieszaj wszystkie pozostałe składniki oprócz owoców morza.

e) Gotuj gulasz przez 40 minut na małym ogniu.

f) Dodaj tilapię i krewetki i wymieszaj, aby połączyć.

g) Dusić przez dodatkowe 5 minut.

h) Przed podaniem spróbuj i dopraw do smaku.

33. Makaron i Fagioli

Porcje: 10

Składniki :

- 1 ½ funta mielonej wołowiny
- 2 posiekane cebule
- ½ łyżeczki płatków czerwonej papryki
- 3 łyżki oliwy z oliwek
- 4 posiekane łodygi selera
- 2 posiekane ząbki czosnku
- 5 szklanek bulionu z kurczaka
- 1 szklanka sosu pomidorowego
- 3 łyżki koncentratu pomidorowego
- 2 łyżeczki oregano
- 1 łyżeczka bazylii
- Sól i pieprz do smaku
- 1 15 uncji puszka fasoli cannellini
- 2 szklanki ugotowanego małego włoskiego makaronu

Wskazówki :

a) W dużym garnku smaż mięso przez 5 minut lub do momentu, aż przestanie być różowe. Usuń z równania.

b) Na dużej patelni rozgrzej oliwę z oliwek i smaż cebulę, seler i czosnek przez 5 minut.

c) Dodać bulion, sos pomidorowy, koncentrat pomidorowy, sól, pieprz, bazylię i płatki czerwonej papryki, wymieszać.

d) Załóż pokrywkę na rondelek. Następnie zupę należy gotować przez 1 godzinę.

e) Dodaj wołowinę i gotuj przez kolejne 15 minut.

f) Dodać fasolę i wymieszać do połączenia. Następnie gotuj przez 5 minut na małym ogniu.

g) Dodaj ugotowany makaron i gotuj przez 3 minuty lub do momentu, aż się rozgrzeje.

34. Zupa z klopsikami i tortellini

Porcje: 6

Składniki :

- 2 łyżki oliwy z oliwek
- 1 pokrojona w kostkę cebula
- 3 posiekane ząbki czosnku
- Sól i pieprz do smaku
- 8 szklanek bulionu z kurczaka
- 1 ½ szklanki pokrojonych w kostkę pomidorów z puszki
- 1 szklanka posiekanego jarmużu
- 1 szklanka rozmrożonego mrożonego groszku
- 1 łyżeczka posiekanej bazylii
- 1 łyżeczka oregano
- 1 liść laurowy
- 1 funt rozmrożonych klopsików – dowolnego rodzaju
- 1 funt tortellini ze świeżym serem

- ¼ szklanki startego parmezanu

Wskazówki :

a) W dużym garnku rozgrzej oliwę z oliwek i smaż cebulę i czosnek przez 5 minut.

b) W dużym rondlu wymieszaj bulion z kurczaka, pokrojone pomidory, jarmuż, groszek, bazylię, oregano, sól, pieprz i liść laurowy.

c) Następnie zagotuj płyn. Następnie gotuj przez 5 minut na małym ogniu.

d) Wyjmij liść laurowy i wyrzuć go.

e) Po dodaniu klopsików i tortellini dusić kolejne 5 minut.

f) Na koniec podawaj w miseczkach z tartym serem na wierzchu.

35. Kurczak Marsala

Porcje: 4

Składniki :

- ¼ szklanki mąki
- Sól i pieprz do smaku
- ½ łyżeczki tymianku
- ubite piersi z kurczaka bez kości
- ¼ szklanki masła
- ¼ szklanki oliwy z oliwek
- 2 posiekane ząbki czosnku
- 1 ½ szklanki pokrojonych w plasterki grzybów
- 1 pokrojona w małą kostkę cebula
- 1 szklanka marsali
- ¼ szklanki pół na pół lub gęstej śmietanki

Wskazówki :

a) W misce wymieszaj mąkę, sól, pieprz i tymianek.

b) W osobnej misce zanurzamy w powstałej mieszance piersi z kurczaka.

c) Na dużej patelni rozpuść masło i olej.

d) Smaż czosnek przez 3 minuty na patelni.

e) Wrzucić kurczaka i smażyć po 4 minuty z każdej strony.

f) Na patelni połącz grzyby, cebulę i marsalę.

g) Gotuj kurczaka przez 10 minut na małym ogniu.

h) Przenieś kurczaka na talerz do serwowania.

i) Wymieszaj pół na pół lub ciężką śmietanę. Następnie, gotując na wysokim poziomie przez 3 minuty, ciągle mieszaj.

j) Polej kurczaka sosem.

36. Kurczak z czosnkowym serem Cheddar

Porcje: 8

Składniki :

- ¼ szklanki masła
- ¼ szklanki oliwy z oliwek
- ½ szklanki startego parmezanu
- ½ szklanki bułki tartej Panko
- ½ szklanki pokruszonych krakersów Ritz
- 3 posiekane ząbki czosnku
- 1 ¼ ostrego sera Cheddar
- ¼ łyżeczki przyprawy włoskiej
- Sól i pieprz do smaku
- ¼ szklanki mąki
- 8 piersi z kurczaka

Wskazówki :

a) Rozgrzej piekarnik do 350 stopni Fahrenheita.

b) Na patelni rozpuść masło i oliwę z oliwek i smaż czosnek przez 5 minut.

c) W dużej misce wymieszaj bułkę tartą, połamane krakersy, oba sery, przyprawę, sól i pieprz.

d) Tak szybko, jak to możliwe, zanurzaj każdy kawałek kurczaka w mieszance masła i oliwy z oliwek.

e) Oprósz kurczaka mąką i zanurz go w nim.

f) Rozgrzej piekarnik do 350°F i obtocz kurczaka mieszaniną bułki tartej.

g) Umieść każdy kawałek kurczaka w naczyniu do pieczenia.

h) Skropić wierzch mieszanką masła i oleju.

i) Rozgrzej piekarnik do 350°F i piecz przez 30 minut.

j) Aby uzyskać większą chrupkość, umieść pod grillem na 2 minuty.

37. Kurczak Fettuccini Alfredo

Porcje: 8

Składniki :

- 1 funt makaronu fettuccine
- 6 piersi z kurczaka bez kości i skóry, ładnie pokrojonych w kostkę ¾ szklanki masła, podzielone
- 5 posiekanych ząbków czosnku
- 1 łyżeczka tymianku
- 1 łyżeczka oregano
- 1 pokrojona w kostkę cebula
- 1 szklanka pokrojonych w plasterki grzybów
- ½ szklanki mąki
- Sól i pieprz do smaku
- 3 szklanki pełnego mleka
- 1 szklanka gęstej śmietanki
- ¼ szklanki startego sera Gruyere
- ¾ szklanki startego parmezanu

Wskazówki :

a) Rozgrzej piekarnik do 150°F i ugotuj makaron zgodnie z instrukcją na opakowaniu, około 10 minut.

b) Na patelni rozpuść 2 łyżki masła i dodaj kostki kurczaka, czosnek, tymianek i oregano, smaż na małym ogniu przez 5 minut lub do momentu, aż kurczak przestanie być różowy. Usuń.

c) Na tej samej patelni rozpuść pozostałe 4 łyżki masła i podsmaż cebulę i grzyby.

d) Mieszaj mąkę, sól i pieprz przez 3 minuty.

e) Dodaj gęstą śmietanę i mleko. Mieszaj przez kolejne 2 minuty.

f) Mieszaj ser przez 3 minuty na małym ogniu.

g) Włóż kurczaka z powrotem na patelnię i dopraw do smaku.

h) Gotuj przez 3 minuty na małym ogniu.

i) Sosem polej makaron.

38. Ziti Z Kiełbasą

Porcje: 8

Składniki :

- 1 funt pokruszonej włoskiej kiełbasy
- 1 szklanka pokrojonych w plasterki grzybów
- ½ szklanki pokrojonego w kostkę selera
- 1 pokrojona w kostkę cebula
- 3 posiekane ząbki czosnku
- 42 uncje kupny sos do spaghetti lub domowy
- Sól i pieprz do smaku
- ½ łyżeczki oregano
- ½ łyżeczki bazylii
- 1 funt niegotowanego makaronu ziti
- 1 szklanka startego sera mozzarella
- ½ szklanki startego parmezanu
- 3 łyżki posiekanej natki pietruszki

Wskazówki :

a) Na patelni podsmaż kiełbasę, pieczarki, cebulę i seler przez 5 minut.

b) Następnie dodaj czosnek. Gotuj przez kolejne 3 minuty. Usuń z równania.

c) Na osobnej patelni dodaj sos spaghetti, sól, pieprz, oregano i bazylię.

d) Gotuj sos przez 15 minut.

e) przygotuj na patelni makaron zgodnie z **instrukcją na opakowaniu** . Odpływ.

f) Rozgrzej piekarnik do 350 stopni Fahrenheita.

g) W naczyniu do pieczenia ułóż ziti, mieszankę kiełbasy i posiekaną mozzarellę w dwóch warstwach.

h) Z wierzchu posyp natką pietruszki i parmezanem.

i) Rozgrzej piekarnik do 350°F i piecz przez 25 minut.

39. Kiełbasa i Papryka

Porcje: 4

Składniki :

- 1 opakowanie spaghetti
- 1 łyżka oliwy z oliwek
- 4 słodkie włoskie kiełbaski pokrojone na kawałki wielkości kęsa
- 2 czerwone papryki pokrojone w paski.
- 2 zielone papryki pokrojone w paski
- 2 pomarańczowe papryki pokrojone w paski
- 3 posiekane ząbki czosnku
- 1 łyżeczka przyprawy włoskiej
- Sól i pieprz do smaku
- 3 łyżki oliwy z pierwszego tłoczenia
- 12 uncji. pomidory z puszki pokrojone w kostkę
- 3 łyżki czerwonego wina
- 1/3 szklanki posiekanej natki pietruszki

- ¼ szklanki startego sera Asiago

Wskazówki :

a) Ugotuj spaghetti zgodnie z instrukcją na opakowaniu , co powinno zająć około 5 minut. Odcedź b) Na patelni rozgrzej oliwę i smaż kiełbaski przez 5 minut.

b) Połóż kiełbasę na półmisku do serwowania.

c) Na tę samą patelnię dodaj paprykę, czosnek, przyprawę włoską, sól i pieprz.

d) Skrop paprykę 3 łyżkami oliwy z oliwek.

e) Dodajemy pokrojone w kostkę pomidory i wino, mieszamy do połączenia.

f) Smaż w sumie 10 minut.

g) Dopraw przyprawy, mieszając spaghetti z papryką.

h) Na wierzch dodaj natkę pietruszki i ser Asiago.

40. Soczysta lasagne

Porcje: 4

Składniki :

- 1 ½ funta pokruszonej, pikantnej włoskiej kiełbasy
- 5 szklanek kupionego w sklepie sosu do spaghetti
- 1 szklanka sosu pomidorowego
- 1 łyżeczka przyprawy włoskiej
- ½ szklanki czerwonego wina
- 1 łyżka cukru
- 1 łyżka oleju
- 5 rękawiczek posiekanego czosnku
- 1 pokrojona w kostkę cebula
- 1 szklanka startego sera mozzarella
- 1 szklanka startego sera provolone
- 2 szklanki sera ricotta
- 1 szklanka twarogu
- 2 duże jajka

- ¼ szklanki mleka
- 9 makaronów Makaron lasagne – parzony wyd
- ¼ szklanki startego parmezanu

Wskazówki :

a) Rozgrzej piekarnik do 375 stopni Fahrenheita.

b) Na patelni podsmaż pokruszoną kiełbasę przez 5 minut. Wszelkie smary należy wyrzucić.

c) W dużym garnku połącz sos do makaronu, sos pomidorowy, przyprawę włoską, czerwone wino i cukier i dokładnie wymieszaj.

d) Na patelni rozgrzej oliwę z oliwek. Następnie przez 5 minut podsmaż czosnek i cebulę.

e) Do sosu włóż kiełbasę, czosnek i cebulę.

f) Następnie przykryj rondel i pozostaw na wolnym ogniu przez 45 minut.

g) W naczyniu miksującym wymieszaj ser mozzarella i provolone.

h) W osobnej misce wymieszaj ricottę, twarożek, jajka i mleko.

i) W naczyniu do pieczenia o wymiarach 9 x 13 wlej 12 szklanek sosu na dno naczynia.

j) Teraz ułóż makaron, sos, ricottę i mozzarellę w naczyniu do pieczenia w trzech warstwach.

k) Na wierzchu posmaruj parmezanem.

l) Piec w naczyniu pod przykryciem przez 30 minut.

m) Po odkryciu naczynia pieczemy kolejne 15 minut.

41. Kolacja z owocami morza Diavolo

Porcje: 4

Składniki :

- 1 lb. duże obrane i oczyszczone krewetki
- ½ funta smażonych przegrzebków
- 3 łyżki oliwy z oliwek
- ½ łyżeczki płatków czerwonej papryki
- Sól dla smaku
- 1 pokrojona mała cebula
- ½ łyżeczki tymianku
- ½ łyżeczki oregano
- 2 rozgniecione filety z sardeli
- 2 łyżki koncentratu pomidorowego
- 4 posiekane ząbki czosnku
- 1 szklanka białego wina
- 1 łyżeczka soku z cytryny
- 2 ½ szklanki pokrojonych w kostkę pomidorów
- 5 łyżek natki pietruszki

Wskazówki :

a) W naczyniu miksującym wymieszaj krewetki, przegrzebki, oliwę z oliwek, płatki czerwonej papryki i sól.

b) Rozgrzej patelnię do 350 ° F. Przez 3 minuty smaż owoce morza w pojedynczych warstwach. To jest coś, co można zrobić w pęczkach.

c) Połóż krewetki i przegrzebki na talerzu.

d) Ponownie podgrzej patelnię.

e) Przez 2 minuty podsmaż cebulę, zioła, filety anchois i koncentrat pomidorowy.

f) W misce wymieszaj wino, sok z cytryny i pokrojone w kostkę pomidory.

g) Doprowadzić płyn do wrzenia.

h) Ustaw temperaturę na niski poziom. Następnie gotuj przez 15 minut.

i) Włóż z powrotem owoce morza na patelnię razem z natką pietruszki.

j) Gotuj przez 5 minut na małym ogniu.

42. Linguine i krewetki Scampi

Porcje: 6

Składniki :

- 1 opakowanie makaronu linguine
- $\frac{1}{4}$ szklanki masła
- 1 posiekana czerwona papryka
- 5 posiekanych ząbków czosnku
- 45 surowych, dużych krewetek obranych i oczyszczonych $\frac{1}{2}$ szklanki wytrawnego białego wina $\frac{1}{4}$ szklanki bulionu z kurczaka
- 2 łyżki soku z cytryny
- $\frac{1}{4}$ szklanki masła
- 1 łyżeczki zmielonych płatków czerwonej papryki
- $\frac{1}{2}$ łyżeczki szafranu
- $\frac{1}{4}$ szklanki posiekanej natki pietruszki
- Sól dla smaku

Wskazówki :

a) Ugotuj makaron zgodnie z instrukcją na opakowaniu , co powinno zająć około 10 minut.

b) Odcedź wodę i odłóż ją na bok.

c) Na dużej patelni rozpuść masło.

d) Smaż paprykę i czosnek na patelni przez 5 minut.

e) Dodaj krewetki i kontynuuj smażenie przez kolejne 5 minut.

f) Wyjmij krewetki na talerz, ale zostaw czosnek i pieprz na patelni.

g) Zagotuj białe wino, bulion i sok z cytryny.

h) Umieść krewetki z powrotem na patelni z kolejnymi 14 szklankami lepszego.

i) Dodać płatki czerwonej papryki, szafran i pietruszkę, doprawić do smaku solą.

j) Po wymieszaniu z makaronem dusić przez 5 minut.

43. Krewetki Z Sosem Kremowym Pesto

Porcje: 6

Składniki :

- 1 opakowanie makaronu linguine
- 1 łyżka oliwy z oliwek
- 1 posiekana cebula
- 1 szklanka pokrojonych w plasterki grzybów
- 6 posiekanych ząbków czosnku
- ½ szklanki masła
- Sól i pieprz do smaku
- ½ łyżeczki pieprzu cayenne
- 1 3/4 szklanki startego Pecorino Romano
- 3 łyżki mąki
- ½ szklanki gęstej śmietanki
- 1 szklanka pesto
- 1 funt gotowanych krewetek, obranych i oczyszczonych

Wskazówki :

a) Ugotuj makaron zgodnie z instrukcją na opakowaniu , co powinno zająć około 10 minut. Odpływ.

b) Na patelni rozgrzej olej i smaż cebulę i grzyby przez 5 minut.

c) Gotuj przez 1 minutę po wymieszaniu czosnku i masła.

d) Na patelnię wlać gęstą śmietanę i doprawić solą, pieprzem i pieprzem cayenne.

e) Gotuj przez kolejne 5 minut.

f) Dodać ser i wymieszać do połączenia. Kontynuuj ubijanie, aż ser się roztopi.

g) Następnie, aby zagęścić sos, dodajemy mąkę.

h) Gotuj przez 5 minut z pesto i krewetkami.

i) Polej makaron sosem.

44. Zupa rybna i chorizo

Porcje : 4

Składniki :

- 2 główki ryby (używane do gotowania wywaru rybnego)
- 500 g filetów rybnych , pokrojonych na kawałki
- 1 cebula
- 1 ząbek czosnku
- 1 szklanka białego wina
- 2 łyżki oliwy z oliwek
- 1 garść natki pietruszki (posiekanej)
- 2 szklanki bulionu rybnego
- 1 garść oregano (posiekanego)
- 1 łyżka soli
- 1 łyżka pieprzu
- 1 seler
- 2 puszki pomidorów (pomidory)
- 2 czerwone chilli

- 2 kiełbaski chorizo
- 1 łyżka papryki
- 2 liście laurowe

Wskazówki :

a) Oczyść głowę ryby. Należy usunąć skrzela. Sezon z solą. Gotuj przez 20 minut w niskiej temperaturze. Usuń z równania.

b) Na patelnię wlać oliwę. W dużej misce wymieszaj cebulę, liście laurowe, czosnek, chorizo i paprykę. 7 minut w piekarniku

c) W dużej misce wymieszaj czerwone chilli, pomidory, seler, pieprz, sól, oregano, bulion rybny i białe wino.

d) Gotuj w sumie 10 minut.

e) Wrzuć rybę. 4 minuty w piekarniku

f) Użyj ryżu jako przystawki.

g) Dodaj natkę pietruszki jako dekorację.

45. Hiszpański ratatuj

Porcje : 4

Składniki :

- 1 czerwona papryka (pokrojona w kostkę)
- 1 średniej wielkości cebula (pokrojona w plasterki lub posiekana)
- 1 ząbek czosnku
- 1 cukinia (posiekana)
- 1 zielona papryka (pokrojona w kostkę)
- 1 łyżka soli
- 1 łyżka pieprzu
- 1 puszka pomidorów (posiekanych)
- 3 łyżki oliwy z oliwek
- 1 kropla białego wina
- 1 garść świeżej pietruszki

Wskazówki :

a) Na patelnię wlać oliwę.

b) Wrzucić cebulę. Pozostaw na 4 minuty do smażenia na średnim ogniu.

c) Wrzucić czosnek i paprykę. Pozostaw na kolejne 2 minuty smażenia.

d) Dodać cukinię, pomidory, białe wino i doprawić do smaku solą i pieprzem.

e) Gotuj przez 30 minut lub do momentu, aż będzie gotowe.

f) W razie potrzeby udekoruj natką pietruszki.

g) Podawać z ryżem lub tostami jako dodatek do dania głównego.

h) Cieszyć się!!!

46. Gulasz z fasoli i chorizo

Porcje : 3

Składniki :

- 1 marchewka (pokrojona w kostkę)
- 3 łyżki oliwy z oliwek
- 1 średnia cebula
- 1 czerwona papryka
- 400 g suszonej fasoli fabes
- 300 gramów kiełbasy chorizo
- 1 zielona papryka
- 1 szklanka natki pietruszki (posiekanej)
- 300 g pomidorów (pokrojonych w kostkę)
- 2 szklanki bulionu z kurczaka
- 300 gramów udek z kurczaka (filety)
- 6 ząbków czosnku
- 1 średniej wielkości ziemniak (pokrojony w kostkę)
- 2 łyżki tymianku
- 2 łyżki soli do smaku

- 1 łyżka pieprzu

Wskazówki :

a) Na patelni wlać olej roślinny. Wrzucić cebulę. Pozostaw na 2 minuty do smażenia na średnim ogniu.

b) W dużej misce wymieszaj czosnek, marchewkę, paprykę, chorizo i udka z kurczaka. Pozostaw na 10 minut na gotowanie.

c) Dodać tymianek, bulion drobiowy, fasolę, ziemniaki, pomidory, natkę pietruszki i doprawić do smaku solą i pieprzem.

d) Gotuj przez 30 minut lub do momentu, aż fasola będzie miękka, a gulasz zgęstnieje.

47. Gazpacho

Porcje : 6

Składniki :

- 2 funty dojrzałych pomidorów, posiekanych
- 1 czerwona papryka (pokrojona w kostkę)
- 2 ząbki czosnku (mielone)
- 1 łyżka soli
- 1 łyżka pieprzu
- 1 łyżka kminku (mielonego)
- 1 szklanka czerwonej cebuli (posiekanej)
- 1 duża papryczka Jalapeno
- 1 szklanka oliwy z oliwek
- 1 limonka 1 średniej wielkości ogórek
- 2 łyżki octu
- 1 szklanka pomidora (sok)
- 1 łyżka sosu Worcestershire
- 2 łyżki świeżej bazylii (pokrojonej w plasterki)

- 2 kromki chleba

Wskazówki :

a) W misce wymieszaj ogórek, pomidory, paprykę, cebulę, czosnek, jalapeño, sól i kminek. Całość dokładnie wymieszaj.

b) W blenderze połącz oliwę z oliwek, ocet, sos Worcestershire, sok z limonki, sok pomidorowy i chleb. Mieszaj, aż mieszanina będzie całkowicie gładka.

c) Połącz wymieszaną mieszaninę z pierwotną mieszaniną za pomocą sita.

d) Pamiętaj, aby wszystko całkowicie połączyć.

e) Połowę mieszanki włóż do blendera i zmiksuj. Mieszaj, aż mieszanina będzie całkowicie gładka.

f) Zwróć wymieszaną mieszaninę do reszty mieszaniny. Całość dokładnie wymieszaj.

g) Po przykryciu miskę należy przechowywać w lodówce przez 2 godziny.

h) Po 2 godzinach wyjmij miskę. Doprawić mieszaninę solą i pieprzem. Wierzch naczynia posypać bazylią.

i) Podawać.

48. Kalmary i Ryż

Porcje : 4

Składniki :

- 6 oz. owoce morza (dowolne do wyboru)
- 3 ząbki czosnku
- 1 średniej wielkości cebula (pokrojona w plasterki)
- 3 łyżki oliwy z oliwek
- 1 zielona papryka (w plasterkach)
- 1 łyżka atramentu z kałamarnicy
- 1 pęczek pietruszki
- 2 łyżki papryki
- 550 gramów kalmarów (oczyszczonych)
- 1 łyżka soli
- 2 seler (pokrojony w kostkę)
- 1 świeży liść laurowy
- 2 średniej wielkości pomidory (starte)
- 300 g ryżu calasparra
- 125 ml białego wina

- 2 szklanki bulionu rybnego
- 1 cytryna

Wskazówki :

a) Na patelnię wlać oliwę z oliwek. W misce wymieszaj cebulę, liść laurowy, pieprz i czosnek. Pozostaw na kilka minut do smażenia.

b) Wrzuć kalmary i owoce morza. Gotuj przez kilka minut, a następnie wyjmij kalmary/owoce morza.

c) W dużej misce wymieszaj paprykę, pomidory, sól, seler, wino i pietruszkę. Odczekaj 5 minut, aż warzywa dokończą gotowanie.

d) Na patelnię wrzucamy opłukany ryż. W misce wymieszaj bulion rybny i atrament z kałamarnicy.

e) Gotuj w sumie 10 minut. Połącz owoce morza i kalmary w dużej misce.

f) Gotuj jeszcze 5 minut.

g) Podawać z aioli lub cytryną.

49. Gulasz z królika w pomidorach

Porcje : 5

Składniki :

- 1 cały królik , pokrojony na kawałki
- 1 liść laurowy
- 2 duże cebule
- 3 ząbki czosnku
- 2 łyżki oliwy z oliwek
- 1 łyżka słodkiej papryki
- 2 gałązki świeżego rozmarynu
- 1 puszka pomidorów
- 1 gałązka tymianku
- 1 szklanka białego wina
- 1 łyżka soli
- 1 łyżka pieprzu

Wskazówki :

a) Na patelni rozgrzej oliwę z oliwek na średnim ogniu.

b) Rozgrzej olej i dodaj kawałki królika. Smażyć, aż kawałki będą równomiernie brązowe.

c) Usuń go po zakończeniu.

d) Na tę samą patelnię dodaj cebulę i czosnek. Gotuj, aż będzie całkowicie miękkie.

e) W dużej misce wymieszaj tymianek, paprykę, rozmaryn, sól, pieprz, pomidory i liść laurowy. Pozostaw na 5 minut na gotowanie.

f) Zalać winem kawałki królika. Gotuj pod przykryciem przez 2 godziny lub do momentu, aż kawałki królika zostaną ugotowane, a sos zgęstnieje.

g) Podawać ze smażonymi ziemniakami lub tostami.

50. Krewetki Z Koprem Włoskim

Porcje : 3

Składniki :

- 1 łyżka soli
- 1 łyżka pieprzu
- 2 ząbki czosnku (w plasterkach)
- 2 łyżki oliwy z oliwek
- 4 łyżki sherry manzanilla
- 1 bulwa kopru włoskiego
- 1 garść łodyg pietruszki
- 600 g pomidorków koktajlowych
- 15 dużych krewetek , obranych
- 1 szklanka białego wina

Wskazówki :

a) W dużym rondlu rozgrzej olej. Do miski włóż pokrojone ząbki czosnku. Pozostawić do smażenia, aż czosnek stanie się złocistobrązowy.

b) Do mieszanki dodaj koper włoski i pietruszkę. Gotuj przez 10 minut na małym ogniu.

c) W dużej misce wymieszaj pomidory, sól, pieprz, sherry i wino. Doprowadzić do wrzenia przez 7 minut lub do momentu, aż sos będzie gęsty.

d) Na wierzchu ułóż obrane krewetki. Gotuj przez 5 minut lub do momentu, aż krewetki staną się różowe.

e) Udekorować posypką listków pietruszki.

f) Podawać z kawałkiem chleba.

DESER ŚRÓDZIEMNOMORSKI

51. Czekoladowa Panna Cotta

5 porcji

Składniki :

- 500 ml gęstej śmietany
- 10 g żelatyny
- 70 g czarnej czekolady
- 2 łyżki jogurtu
- 3 łyżki cukru
- szczypta soli

Wskazówki :

a) W niewielkiej ilości śmietanki namoczyć żelatynę.

b) Do małego rondelka wlać pozostałą śmietanę. Zagotuj cukier i jogurt, od czasu do czasu mieszając, ale nie gotuj. Zdejmij patelnię z ognia.

c) Mieszaj czekoladę i żelatynę, aż się całkowicie rozpuszczą.

d) Foremki napełniamy ciastem i odstawiamy do lodówki na 2-3 godziny.

e) Aby uwolnić panna cottę z formy, przed wyjęciem deseru należy ją zalać gorącą wodą na kilka sekund.

f) Udekoruj według własnych upodobań i podawaj!

52. Serowa Galette z Salami

5 porcji

Składniki :

- 130 g masła
- 300 g mąki
- 1 łyżeczka soli
- 1 jajko
- 80 ml mleka
- 1/2 łyżeczki octu
- Pożywny:
- 1 pomidor
- 1 słodka papryka
- cukinia
- salami
- ser Mozzarella
- 1 łyżka oliwy z oliwek
- zioła (takie jak tymianek, bazylia, szpinak)

Wskazówki :

a) Pokrój masło w kostkę.

b) W misce lub na patelni wymieszaj olej, mąkę i sól i posiekaj nożem.

c) Włóż jajko, trochę octu i trochę mleka.

d) Rozpocznij wyrabianie ciasta. Po zwinięciu w kulkę i owinięciu w folię spożywczą należy przechowywać w lodówce przez pół godziny.

e) Pokrój wszystkie składniki nadzienia.

f) Umieść nadzienie na środku dużego koła ciasta rozwałkowanego na pergaminie do pieczenia (z wyjątkiem mozzarelli).

g) Skropić oliwą z oliwek i doprawić solą i pieprzem.

h) Następnie ostrożnie podnieś brzegi ciasta, owiń je wokół zachodzących na siebie części i lekko dociśnij.

i) Rozgrzej piekarnik do 200°C i piecz przez 35 minut. Na dziesięć minut przed końcem pieczenia dodaj mozzarellę i kontynuuj pieczenie.

j) Natychmiast podawaj!

53. Tiramisu

Porcje: 6

Składniki :

- 4 żółtka
- ¼ szklanki białego cukru
- 1 łyżka ekstraktu waniliowego
- ½ szklanki śmietany do ubijania
- 2 szklanki serka mascarpone
- 30 damskich palców
- 1 ½ filiżanki mrożonej kawy parzonej przechowywanej w lodówce
- ¾ szklanki likieru Frangelico
- 2 łyżki niesłodzonego kakao w proszku

Wskazówki :

a) W misce wymieszaj żółtka, cukier i ekstrakt waniliowy, aż uzyskasz kremową masę.

b) Po tym czasie ubić śmietanę na sztywną masę.

c) Połączyć serek mascarpone z bitą śmietaną.

d) W małej misce delikatnie wymieszaj mascarpone z żółtkami i odłóż na bok.

e) Połącz alkohol z zimną kawą.

f) Natychmiast zanurz paluszki w kawowej mieszance. Jeśli kobiece palce zamoczą się lub zamoczą, ulegną rozmoczeniu.

g) Połóż połowę biszkoptów na dnie naczynia do pieczenia o wymiarach 9 x 13 cali.

h) Na wierzchu ułóż połowę masy nadzienia.

i) Połóż pozostałe biszkopty na wierzchu.

j) Nałóż pokrywkę na naczynie. Następnie schładzaj przez 1 godzinę.

k) Posyp kakao w proszku.

54. Kremowe ciasto z ricottą

Porcje: 6

Składniki :

- 1 ciasto kupione w sklepie
- 1 ½ funta sera ricotta
- ½ szklanki serka mascarpone
- 4 ubite jajka
- ½ szklanki białego cukru
- 1 łyżka brandy

Wskazówki :

a) Rozgrzej piekarnik do 350 stopni Fahrenheita.

b) Wszystkie składniki nadzienia połączyć w misce miksującej. Następnie wlać mieszaninę do ciasta.

c) Rozgrzej piekarnik do 350°F i piecz przez 45 minut.

d) Przed podaniem ciasto należy przechowywać w lodówce przez co najmniej 1 godzinę.

55. ciasteczka anyżowe

Porcje: 36

Składniki :

- 1 szklanka cukru
- 1 szklanka masła
- 3 szklanki mąki
- ½ szklanki mleka
- 2 ubite jajka
- 1 łyżka proszku do pieczenia
- 1 łyżka ekstraktu migdałowego
- 2 łyżeczki likieru anyżowego
- 1 szklanka cukru pudru

Wskazówki :

a) Rozgrzej piekarnik do 375 stopni Fahrenheita.

b) Ubij cukier i masło, aż masa będzie jasna i puszysta.

c) Stopniowo dodawaj mąkę, mleko, jajka, proszek do pieczenia i ekstrakt migdałowy.

d) Zagniataj ciasto, aż stanie się lepkie.

e) Z kawałków ciasta o długości 1 cala formuj małe kulki.

f) Rozgrzej piekarnik do 350°F i nasmaruj blachę do pieczenia. Ułóż kulki na blasze do pieczenia.

g) Rozgrzej piekarnik do 350°F i piecz ciasteczka przez 8 minut.

h) W misce wymieszaj likier anyżowy, cukier puder i 2 łyżki gorącej wody.

i) Na koniec zanurz ciasteczka w polewie, gdy są jeszcze ciepłe.

56. Panna Cotta

Porcje: 6

Składniki :

- ⅓ szklanki mleka
- 1 opakowanie żelatyny bez smaku
- 2 ½ szklanki gęstej śmietanki
- ¼ szklanki) cukru
- ¾ szklanki pokrojonych truskawek
- 3 łyżki brązowego cukru
- 3 łyżki brandy

Wskazówki :

a) Mieszaj mleko i żelatynę, aż żelatyna całkowicie się rozpuści. Usuń z równania.

b) W małym rondlu zagotuj ciężką śmietanę i cukier.

c) Do gęstej śmietany dodać mieszaninę żelatyny i ubijać przez 1 minutę.

d) Podzielić mieszaninę pomiędzy 5 kokilek.

e) Umieść plastikową folię na ramekinach. Następnie schładzaj przez 6 godzin.

f) W misce wymieszaj truskawki, brązowy cukier i brandy; chłodzić przez co najmniej 1 godzinę.

g) Połóż truskawki na wierzchu panna cotty.

57. Ciasto Karmelowe

Porcje : 4

Składniki :

- 1 łyżka ekstraktu waniliowego
- 4 jajka
- 2 puszki mleka (1 zagęszczone i 1 słodzone skondensowane)
- 2 szklanki do ubijania krem
- 8 łyżek cukru

Wskazówki :

a) Rozgrzej piekarnik do 350 stopni Fahrenheita.

b) Na patelni z powłoką nieprzywierającą rozpuść cukier na średnim ogniu, aż uzyska złoty kolor.

c) Wlać płynny cukier do formy do pieczenia, gdy jest jeszcze gorąca.

d) W naczyniu miksującym rozbić i ubić jajka. W misce miksującej połącz mleko skondensowane, ekstrakt waniliowy, śmietankę i mleko słodzone. Zrób dokładne wymieszanie.

e) Wlać ciasto do roztopionej, posypanej cukrem formy do pieczenia. Umieść patelnię w większym garnku z 1 calową wrzącą wodą.

f) Piec przez 60 minut.

58. Krem kataloński

Porcje : 3

Składniki :

- 4 żółtka
- 1 cynamon (laska)
- 1 cytryna (skórka)
- 2 łyżki skrobi kukurydzianej
- 1 szklanka cukru
- 2 szklanki mleka
- 3 szklanki świeżych owoców (jagody lub figi)

Wskazówki :

a) Na patelni ubić żółtka z dużą porcją cukru. Mieszaj, aż mieszanina będzie pienista i gładka.

b) Dodać laskę cynamonu i skórkę z cytryny. Zrób dokładne wymieszanie.

c) Wymieszaj skrobię kukurydzianą i mleko. Mieszaj na małym ogniu, aż mieszanina zgęstnieje.

d) Wyjmij garnek z piekarnika. Pozostawić do ostygnięcia na kilka minut.

e) Umieść mieszaninę w ramekinach i odłóż na bok.

f) Odstawić na co najmniej 3 godziny do lodówki.

g) Gdy będzie gotowy do podania, posyp kokilki pozostałym cukrem.

h) Ułożyć kokilki na dolnej półce kotła. Pozwól, aby cukier się rozpuścił, aż uzyska złotobrązowy kolor.

i) Jako dekorację podawać z owocami.

59. Hiszpański krem pomarańczowo-cytrynowy

Porcje : 1 porcja

Składnik

- 4½ łyżeczki Zwykła żelatyna
- ½ szklanki Sok pomarańczowy
- ¼ szklanki Sok cytrynowy
- 2 kubki mleko
- 3 Jajka, oddzielone
- ⅔ szklanki Cukier
- Szczypta soli
- 1 łyżka stołowa Tarta skórka pomarańczowa

Wskazówki :

a) Wymieszaj żelatynę, sok pomarańczowy i sok z cytryny i odstaw na 5 minut.

b) Zagotuj mleko, dodaj żółtka, cukier, sól i skórkę pomarańczową.

c) Gotuj w podwójnym bojlerze, aż pokryje grzbiet łyżki (na gorącej, nie wrzącej wodzie).

d) Następnie dodaj mieszaninę żelatyny. Fajny.

e) dodajemy ubite na sztywno białka.

f) Przechowywać w lodówce do ustawienia.

60. Pijany melon

Porcje : 4 do 6 porcji

Składnik

- Do dania Wybór od 3 do 6 różnych serów hiszpańskich
- 1 Wino porto butelkowe
- 1 Melon, usunięta górna część i pozbawiona nasion

Wskazówki :

a) Na jeden do trzech dni przed kolacją wlej porto do melona.

b) Schłodzić w lodówce, owiniętej folią i z wymienioną górną częścią.

c) Wyjmij melona z lodówki, zdejmij folię i przykryj wierzch, gdy będzie gotowy do podania.

d) Wyjmij port z melona i przełóż go do miski.

e) Po usunięciu skórki melona pokroić na kawałki. Kawałki układamy w czterech oddzielnych, schłodzonych naczyniach.

f) Podawać na przystawce z serami.

61. Sorbet migdałowy

Porcje : 1 porcja

Składnik

- 1 filiżanka Blanszowane migdały; Opieczony
- 2 kubki Woda źródlana
- ¾ szklanki Cukier
- 1 szczypta Cynamon
- 6 łyżek Syrop kukurydziany
- 2 łyżki stołowe Amaretto
- 1 łyżeczka Skórki z cytryny

Wskazówki :

a) W robocie kuchennym zmiel migdały na proszek. W dużym rondlu wymieszaj wodę, cukier, syrop kukurydziany, likier, skórkę i cynamon, a następnie dodaj zmielone orzechy.

b) Na średnim ogniu stale mieszaj, aż cukier się rozpuści i mieszanina zagotuje. 2 minuty przy gotowaniu

c) Odstawić do ostygnięcia. Używając maszyny do lodów, ubijaj mieszaninę, aż będzie na wpół zamrożona.

d) Jeśli nie masz maszyny do lodów, przenieś mieszaninę do miski ze stali nierdzewnej i zamrażaj do twardości, mieszając co 2 godziny.

62. Hiszpański tort jabłkowy

Porcje : 8 porcji

Składnik

- ¼ funta Masło
- ½ szklanki Cukier
- 1 Żółtko jaja
- 1 ½ szklanki Przesiana mąka
- 1 kreska Sól
- ⅛ łyżeczki Proszek do pieczenia
- 1 filiżanka mleko
- ½ Skórka cytrynowa
- 3 Żółtka
- ¼ szklanki Cukier
- ¼ szklanki Mąka
- 1 ½ łyżki Masło
- ¼ szklanki Cukier
- 1 łyżka stołowa Sok cytrynowy
- ½ łyżeczki Cynamon

- 4 Jabłka obrane i pokrojone w plasterki
- Jabłko; morelowa lub inna ulubiona galaretka

Wskazówki :

a) Rozgrzej piekarnik do 350°F. W misce wymieszaj cukier i masło. Wymieszaj ze sobą pozostałe składniki aż uformuje się kula.

b) Rozwałkuj ciasto na formę do pieczenia lub tortownicę. Przechowywać w lodówce do momentu użycia.

c) W misce wymieszaj sok z cytryny, cynamon i cukier. Wymieszać z jabłkami i wymieszać. Jest to coś, co można zrobić wcześniej.

d) Dodaj skórkę z cytryny do mleka. Doprowadzić mleko do wrzenia, następnie zmniejszyć ogień na 10 minut. W międzyczasie w rondlu o grubym dnie wymieszaj żółtka z cukrem.

e) Gdy mleko będzie już gotowe, powoli wlewaj je do masy żółtkowej, cały czas ubijając na małym ogniu. Powoli wsypywać mąkę cały czas ubijając na małym ogniu.

f) Kontynuuj ubijanie, aż mieszanina będzie gładka i gęsta. Zdejmij patelnię z ognia. Powoli mieszaj masło, aż się rozpuści.

g) Wypełnij spód kremem. Aby zrobić pojedynczą lub podwójną warstwę, połóż jabłka na wierzchu. Po upieczeniu włóż tort do piekarnika nagrzanego na 350°F na około 1 godzinę.

h) Wyjąć i odstawić do ostygnięcia. Gdy jabłka ostygną, podgrzej wybraną galaretkę i skrop nią wierzch.

i) Galaretkę odstawić do ostygnięcia. Podawać.

63. Krem karmelowy

Porcje : 1 porcja

Składnik

- ½ szklanki Cukier granulowany
- 1 łyżeczka Woda
- 4 Żółtka lub 3 całe jajka
- 2 kubki Mleko, oparzone
- ½ łyżeczki Ekstrakt waniliowy

Wskazówki :

a) Na dużej patelni wymieszaj 6 łyżek cukru i 1 szklankę wody. Podgrzewaj na małym ogniu, od czasu do czasu potrząsając lub mieszając drewnianą łyżką, aby uniknąć przypalenia, aż cukier zmieni kolor na złoty.

b) Tak szybko, jak to możliwe, wlej syrop karmelowy do płytkiego naczynia do pieczenia (8 x 8 cali) lub talerza do ciasta. Pozostawić do ostygnięcia, aż będzie twarde.

c) Rozgrzej piekarnik do 325 stopni Fahrenheita.

d) Albo ubić żółtka, albo całe jajka. Wymieszaj mleko, ekstrakt waniliowy i pozostały cukier, aż do całkowitego połączenia.

e) Na wierzch wylać ostudzony karmel.

f) Umieść naczynie do pieczenia w gorącej kąpieli wodnej. Piec przez 1-112 godzin lub do momentu, aż środek się stwardnieje. Fajne, fajne, fajne.

g) Przed podaniem ostrożnie przełóż danie na talerz.

64. Sernik hiszpański

Porcje : 10 porcji

Składnik

- 1 funt Ser topiony
- 1 ½ szklanki Cukier; Granulowany
- 2 e- gg
- ½ łyżeczki Cynamon; Grunt
- 1 łyżeczka Skórka z cytryny; Tarty
- ¼ szklanki Niewybielona mąka
- ½ łyżeczki Sól
- 1 x Cukier cukierników
- 3 łyżki Masło

Wskazówki :

a) Rozgrzej piekarnik do 400 stopni Fahrenheita. W dużej misce wymieszaj ser, 1 łyżkę masła i cukier. Nie rzucaj.

b) Dodawać po jednym jajku, dokładnie ubijając po każdym dodaniu.

c) Połącz cynamon, skórkę cytrynową, mąkę i sól. Nasmaruj patelnię pozostałymi 2 łyżkami masła, rozprowadzając je równomiernie palcami.

d) Wlać ciasto do przygotowanej formy i piec w temperaturze 400 stopni przez 12 minut, następnie zmniejszyć do 350 stopni i piec przez kolejne 25 do 30 minut. Nóż powinien być wolny od wszelkich pozostałości.

e) Gdy ciasto ostygnie do temperatury pokojowej, posyp je cukrem pudrem.

65. Hiszpański smażony krem

Porcje : 8 porcji

Składnik

- 1 Laska cynamonu
- Skórka z 1 cytryny
- 3 filiżanki mleko
- 1 filiżanka Cukier
- 2 łyżki stołowe Skrobia kukurydziana
- 2 łyżeczki Cynamon
- Mąka; do pogłębiania
- Mycie jajek
- Oliwa z oliwek; do smażenia

Wskazówki :

a) Połącz laskę cynamonu, skórkę cytryny, 34 szklanki cukru i 212 szklanek mleka w garnku ustawionym na średnim ogniu.

b) Doprowadź do wrzenia na małym ogniu, następnie zmniejsz ogień na mały i gotuj przez 30 minut. Usuń skórkę z cytryny i laskę cynamonu. Połącz pozostałe mleko i skrobię kukurydzianą w małej misce do mieszania.

c) Dokładnie wymieszaj. Powolnym, stałym strumieniem wymieszaj mieszaninę skrobi kukurydzianej z podgrzanym mlekiem. Doprowadzić do wrzenia, następnie zmniejszyć ogień i gotować przez 8 minut, często mieszając. Zdejmij z ognia i wlej do 8-calowego naczynia do pieczenia wysmarowanego masłem.

d) Pozostawić do całkowitego ostygnięcia. Przykryj i schładzaj, aż całkowicie wystygnie. Z kremu uformuj 2-calowe trójkąty.

e) W misce wymieszaj pozostałe 14 szklanek cukru z cynamonem. Dokładnie wymieszać. Obtocz trójkąty w mące, aż zostaną całkowicie pokryte.

f) Zanurz każdy trójkąt w płynie jajecznym i odsącz nadmiar. Ponownie dodaj budyń do mąki i całkowicie ją pokryj.

g) Rozgrzej olej na dużej patelni na średnim ogniu. Umieścić trójkąty na gorącym oleju i smażyć przez 3 minuty lub do momentu, aż z obu stron się zarumienią.

h) Zdejmij kurczaka z patelni i odsącz go na ręcznikach papierowych. Wymieszaj z cukrem cynamonowym i dopraw solą i pieprzem.

i) W ten sam sposób postępuj z pozostałymi trójkątami.

66. Włoskie ciasto z karczochami

Porcje : 8 porcji

Składnik

- 3 Jajka; Bity
- 1 Serek śmietankowy ze szczypiorkiem w opakowaniu 3 uncje; Zmiękczony
- ¾ łyżeczki Czosnek w proszku
- ¼ łyżeczki Pieprz
- 1 ½ szklanki ser mozzarella, częściowo odtłuszczone mleko; Rozdrobniony
- 1 filiżanka Ser ricotta
- ½ szklanki majonez
- 1 14 Oz Puszki Serc Karczochów; Osuszony
- ½ 15 Oz Fasola Garbanzo w Puszkach; Wypłukane i osuszone
- 1 2 1/4 uncji puszki pokrojonych oliwek; Osuszony
- 1 2 uncje słoik Pimiento; Pokrojone w kostkę i odsączone
- 2 łyżki stołowe Pietruszka; Obcięty
- 1 Ciasto Ciasto (9 cali); Niepieczone

- 2 małe Pomidor; Pokrojony

Wskazówki :

a) Połącz jajka, serek śmietankowy, proszek czosnkowy i pieprz w dużej misce do mieszania. W misce wymieszaj 1 szklankę sera mozzarella, sera ricotta i majonezu.

b) Mieszaj, aż wszystko będzie dobrze wymieszane.

c) Przetnij 2 serca karczochów na pół i odłóż na bok. Pokrój resztę serc.

d) Wymieszaj mieszaninę serów z posiekanymi sercami, fasolą garbanzo, oliwkami, pimientos i pietruszką. Powstałą mieszanką napełnij korpus ciasta.

e) Piec 30 minut w temperaturze 350 stopni. Wierzch należy posypać resztą sera mozzarella i parmezanem.

f) Piec przez kolejne 15 minut lub do momentu, aż ciasto się zetnie.

g) Pozostawić na 10 minut.

h) Na wierzchu ułóż plasterki pomidora i poćwiartowane serca karczochów.

i) Podawać

67. Włoskie pieczone brzoskwinie

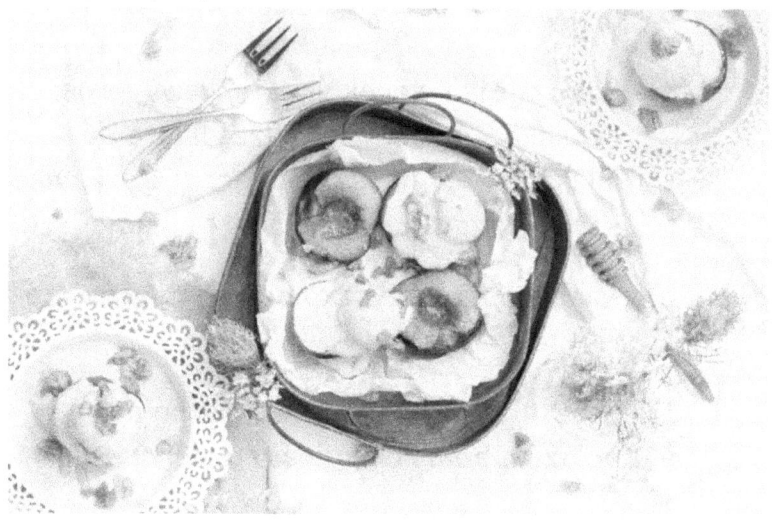

Porcje : 1 porcja

Składnik

- 6 Dojrzałe brzoskwinie
- ⅓ szklanki Cukier
- 1 filiżanka Mielone migdały
- 1 Żółtko jaja
- ½ łyżeczki Ekstrakt z migdałów
- 4 łyżki Masło
- ¼ szklanki Krojone migdały
- Ciężki krem , opcjonalnie

Wskazówki :

a) Rozgrzej piekarnik do 350 stopni Fahrenheita. Brzoskwinie należy opłukać, przekroić na pół i wypestkować. W robocie kuchennym zmiksuj 2 połówki brzoskwiń.

b) W naczyniu miksującym wymieszaj puree, cukier, zmielone migdały, żółtko i ekstrakt migdałowy. Aby uzyskać gładką pastę, połącz wszystkie składniki w misce.

c) Nadzieniem polej każdą połówkę brzoskwiń i ułóż napełnione połówki brzoskwiń w wysmarowanej masłem blasze do pieczenia.

d) Posypać płatkami migdałów i posmarować brzoskwinie pozostałym masłem przed pieczeniem przez 45 minut.

e) Podawać na ciepło lub na zimno, z dodatkiem śmietany lub lodów.

68. Pikantne włoskie ciasto śliwkowo-śliwkowe

Porcje : 12 porcji

Składnik

- 2 kubki Włoski bez pestek i ćwiartowane
- Śliwki suszone, gotowane do
- Miękkie i chłodne
- 1 filiżanka Masło niesolone, zmiękczone
- 1¾ szklanki Cukier granulowany
- 4 Jajka
- 3 filiżanki Przesiana mąka
- ¼ szklanki Masło niesolone
- ½ funta Cukier puder
- 1 ½ łyżki Niesłodzone kakao
- Szczypta soli
- 1 łyżeczka Cynamon
- ½ łyżeczki Zmielone goździki
- ½ łyżeczki Zmielona gałka muszkatołowa
- 2 łyżeczki Proszek do pieczenia

- ½ szklanki mleko
- 1 filiżanka Orzechy włoskie, drobno posiekane
- 2 Do 3 łyżek mocnych, gorących
- Kawa
- ¾ łyżeczki Wanilia

Wskazówki:

a) Rozgrzej piekarnik do 350°F. Posmaruj masłem i mąką 10-calową patelnię Bundt.

b) W dużej misce utrzyj masło z cukrem na jasną i puszystą masę.

c) Wbijaj jajka jedno po drugim.

d) Na sitku wymieszaj mąkę, przyprawy i sodę oczyszczoną. W trzech porcjach dodawaj mąkę do masy maślanej, na zmianę z mlekiem. Ubijaj tylko do połączenia składników.

e) Dodać ugotowane suszone śliwki i orzechy włoskie, wymieszać. Przełóż do przygotowanej formy i piecz przez 1 godzinę w piekarniku nagrzanym na 350°F lub do momentu, aż ciasto zacznie odchodzić od boków formy.

f) Aby przygotować lukier, utrzyj masło z cukrem pudrem. Stopniowo dodawaj cukier i kakao, cały czas mieszając, aż do całkowitego połączenia. Sezon z solą.

g) Jednorazowo wsypuj niewielką ilość kawy.

h) Ubijaj na jasną i puszystą masę, następnie dodaj wanilię i udekoruj ciasto.

69. Hiszpańskie cukierki orzechowe

Porcje : 1 porcja

Składnik

- 1 filiżanka mleko
- 3 filiżanki Jasnobrązowy cukier
- 1 łyżka masła
- 1 łyżeczka Ekstrakt waniliowy
- 1 funt mięso z orzechów włoskich; posiekana

Wskazówki :

a) Mleko zagotuj z brązowym cukrem, aż się skarmelizuje, następnie dodaj masło i esencję waniliową tuż przed podaniem.

b) Tuż przed zdjęciem cukierka z ognia dodajemy orzechy włoskie.

c) W dużej misce dokładnie wymieszaj orzechy i przełóż mieszaninę do przygotowanych foremek na muffiny.

d) Od razu pokrój ostrym nożem w kwadraty.

70. Miód i budyń

Porcje : 6 porcji

Składnik

- ¼ szklanki Masło niesolone
- 1 ½ szklanki mleko
- 2 duże Jajka; lekko pobity
- 6 plasterków Biały chleb wiejski; rozdarty
- ½ szklanki Jasne; cienki miód, plus
- 1 łyżka stołowa Jasne; cienki miód
- ½ szklanki Gorąca woda; plus
- 1 łyżka stołowa Gorąca woda
- ¼ łyżeczki Mielony cynamon
- ¼ łyżeczki Wanilia

Wskazówki :

a) Rozgrzej piekarnik do 350 stopni i użyj odrobiny masła do wysmarowania masłem 9-calowego szklanego naczynia na ciasto. Wymieszaj mleko i jajka, następnie dodaj kawałki chleba i obróć, aby równomiernie je pokryły.

b) Pozostaw chleb do namoczenia na 15 do 20 minut, obracając raz lub dwa razy. Na dużej patelni z powłoką nieprzywierającą rozgrzej pozostałe masło na średnim ogniu.

c) Namoczony chleb smażymy na maśle na złoty kolor, około 2 do 3 minut z każdej strony. Przełożyć chleb do naczynia do pieczenia.

d) W misce połącz miód z gorącą wodą i mieszaj, aż mieszanina będzie równomiernie wymieszana.

e) Dodaj cynamon i wanilię i posmaruj powstałą mieszanką cały chleb.

f) Piec przez około 30 minut lub do złotego koloru.

71. Hiszpański tort cebulowy

Porcje : 2 porcje

Składnik

- ½ łyżeczki Oliwa z oliwek
- 1 litr Cebula hiszpańska
- ¼ szklanki Woda
- ¼ szklanki czerwone wino
- ¼ łyżeczki Suszony rozmaryn
- 250 gramów Ziemniaki
- 3/16 szklanki Jogurt naturalny
- ½ łyżki Zwykła mąka
- ½ jajko
- ¼ szklanki parmezan
- ⅛ szklanki Posiekana włoska pietruszka

Wskazówki :

a) Przygotuj cebulę hiszpańską, pokrój ją w cienkie plasterki i zetrzyj ziemniaki oraz parmezan.

b) Na patelni o grubym dnie rozgrzej olej. Smaż, mieszając od czasu do czasu, aż cebula będzie miękka.

c) Gotuj na wolnym ogniu przez 20 minut lub do momentu, aż płyn odparuje, a cebula zmieni kolor na ciemnoczerwonawo-brązowy.

d) W misce wymieszaj rozmaryn, ziemniaki, mąkę, jogurt, jajko i parmezan. Wrzucić cebulę.

e) W dobrze natłuszczonym żaroodpornym naczyniu o średnicy 25 cm równomiernie rozłóż składniki. Rozgrzej piekarnik do 200°C i piecz przez 35-40 minut lub do złotego koloru.

f) Przed pokrojeniem w kliny i podaniem udekoruj natką pietruszki.

72. Suflet hiszpański z patelni

Porcje : 1

Składnik

- 1 Pudełko Hiszpański szybki brązowy ryż
- 4 Jajka
- 4 uncje Posiekane zielone chilli
- 1 filiżanka Woda
- 1 filiżanka Startego sera

Wskazówki :

a) Postępuj zgodnie ze wskazówkami na opakowaniu dotyczącymi gotowania zawartości pudełka.

b) Gdy ryż będzie gotowy, wymieszaj pozostałe składniki, z wyjątkiem sera.

c) Posyp startym serem i piecz w temperaturze 325°F przez 30-35 minut.

73. Mrożony Miód Semifreddo

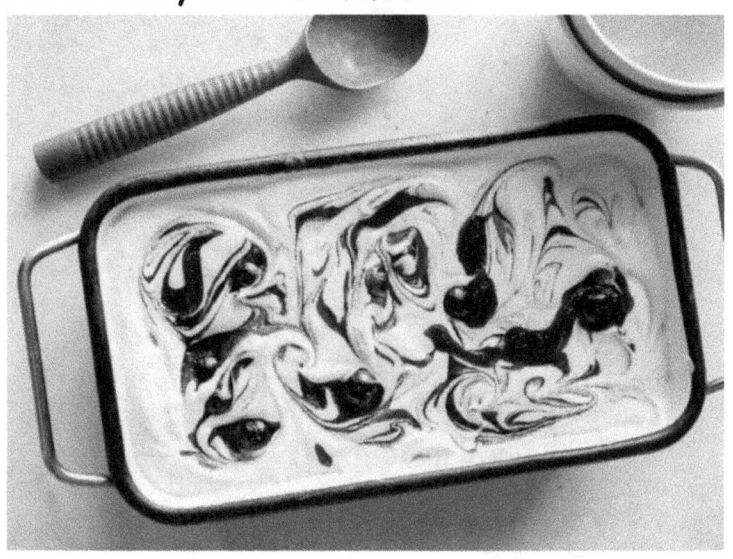

Porcje: 8 porcji

Składniki

- 8 uncji ciężkiej śmietanki
- 1 łyżeczka ekstraktu waniliowego
- 1/4 łyżeczki wody różanej
- 4 duże jajka
- 4 1/2 uncji miodu
- 1/4 łyżeczki plus 1/8 łyżeczki soli koszernej
- Dodatki, takie jak pokrojone owoce, prażone orzechy, śruta kakaowa lub wiórki czekoladowe

Wskazówki

a) Rozgrzej piekarnik do 350°F. Wyłóż formę do pieczenia chleba o wymiarach 9 na 5 cali plastikową folią lub papierem pergaminowym.

b) Aby przygotować Semifreddo, w misie miksera wyposażonego w końcówkę do ubijania ubijaj śmietanę, wanilię i wodę różaną na sztywną masę.

c) Przenieść do osobnej miski lub talerza, przykryć i schłodzić do momentu użycia.

d) W misie miksera wymieszaj jajka, miód i sól. Aby wymieszać, użyj elastycznej szpatułki i wymieszaj wszystko razem. Dostosuj ogień, aby powoli gotować na wolnym ogniu nad przygotowaną łaźnią wodną, upewniając się, że miska nie dotyka wody.

e) W misce ze stali nierdzewnej gotuj, regularnie mieszając i zdrapując elastyczną szpatułką, aż do ogrzania do 50°F, przez około 10 minut.

f) Gdy mieszanina osiągnie temperaturę 165°F, przenieś ją do miksera stojącego wyposażonego w końcówkę do ubijania. Jajka ubijaj na wysokich obrotach, aż się spienią.

g) Delikatnie wymieszaj ręcznie połowę przygotowanej bitej śmietany. Dodaj pozostałe składniki , szybko wymieszaj, a następnie wymieszaj elastyczną szpatułką, aż składniki się dobrze wymieszają.

h) Zeskrobać do przygotowanej formy do pieczenia, szczelnie przykryć i zamrażać przez 8 godzin lub do momentu, aż będzie wystarczająco twarde, aby można je było kroić, lub do momentu, gdy temperatura wewnętrzna osiągnie 0°F.

i) Odwróć semifreddo na schłodzone danie i podawaj.

74. zabajone

Porcje: 4

Składniki

- 4 żółtka
- 1/4 szklanki cukru
- 1/2 szklanki Marsala Dry lub innego wytrawnego białego wina
- kilka gałązek świeżej mięty

Wskazówki :

a) W żaroodpornym naczyniu ubić żółtka z cukrem, aż masa stanie się bladożółta i błyszcząca. Następnie należy dodać Marsalę.

b) Zagotuj średni garnek do połowy napełniony wodą i zagotuj na małym ogniu. Zacznij ubijać mieszaninę jajek i wina w żaroodpornej misce na wierzchu garnka.

c) Kontynuuj ubijanie przez 10 minut za pomocą elektrycznych ubijaków (lub trzepaczki) nad gorącą wodą.

d) Użyj termometru z natychmiastowym odczytem, aby upewnić się, że mieszanina osiągnęła temperaturę 160°F w czasie gotowania.

e) Zdejmij z ognia i połóż zabaglione na przygotowanych owocach, dekorując świeżymi liśćmi mięty.

f) Zabaglione jest równie smaczne podawane z lodami lub samo.

75. Affogato

Porcje: 1

Składniki

- 1 gałka lodów waniliowych
- 1 shot espresso
- Opcjonalnie odrobina sosu czekoladowego

Wskazówki :

a) Do szklanki włóż gałkę lodów waniliowych i 1 shot espresso.

b) Serwuj !

NAPOJE Śródziemnomorskie

76. Rum i Imbir

Porcje: 1 osoba

Składniki :

- 50ml rumu Bacardi
- 100 ml piwa imbirowego
- 2 plasterki limonki
- 2 kreski Angostura Bitters
- 1 gałązka mięty

Wskazówki :

a) Dodaj lód do szklanki.

b) Dodaj sok z limonki, rum, piwo imbirowe i Bitters .

c) Delikatnie wymieszaj ze sobą składniki .

d) Udekoruj plasterkiem limonki i listkami mięty.

e) Podawać.

77. Włoska śmietanka sodowa

Porcje: 1 porcja

Składnik

- 1 uncja zimnego mleka
- 1 uncja do 1 1/2 uncji syropu brzoskwiniowego lub innego smaku
- lód
- 9 uncji wody gazowanej
- Świeże owoce lub pół na pół do dekoracji

Wskazówki :

a) W szklance o pojemności 12 uncji połącz mleko i syrop i dokładnie wymieszaj.

b) Napełnij szklankę do połowy lodem, a następnie uzupełnij wodą gazowaną. Wymieszaj jeszcze raz.

c) Podawać ze świeżymi owocami lub łyżeczką półtorej jako dodatek.

78. Hiszpańska Sangria

Porcje: 6 do 8 porcji

Składniki

- 1 pomarańcza, pokrojona w plasterki
- 2 cytryny, pokrojone w plasterki
- 1/2 szklanki cukru
- 2 butelki czerwonego wina
- 2 uncje potrójnej sekundy
- 1/2 szklanki brandy
- 2 (12-uncjowe) puszki napoju gazowanego cytrynowo-limonkowego

Wskazówki :

a) W dużej misce ponczowej pokrój pomarańczę i cytryny w plasterki o grubości 1/8 cala.

b) Dodaj 1/2 szklanki cukru (lub mniej, jeśli to konieczne) i pozostaw owoce w cukrze na około 10 minut, wystarczająco długo, aby wypłynęły naturalne soki owocowe.

c) Dodać wino i dobrze wymieszać, aby cukier się rozpuścił.

d) Dodaj triple sec i brandy.

e) Dodać 2 puszki napoju gazowanego i wymieszać

f) W razie potrzeby dodaj więcej cukru lub sody. Sprawdź, czy cukier całkowicie się rozpuścił.

g) Aby całkowicie schłodzić misę ponczową, dodaj dużą ilość lodu.

h) Jeśli podajesz sangrię w dzbankach, napełnij je do połowy lodem i zalej sangrią.

79. Tinto de Verano

Porcja: 1 porcja

Składniki

- 3 do 4 kostek lodu
- 1/2 szklanki czerwonego wina
- 1/2 szklanki napoju gazowanego cytrynowo-limonkowego
- Kawałek cytryny, do dekoracji

Wskazówki :

a) W wysokiej szklance umieść kostki lodu.

b) Wlać czerwone wino i napój gazowany.

c) Podawać z plasterkiem cytryny jako dekorację.

80. Sangria z białego wina

Porcje: 8 porcji

Składniki

- 3 średnie pomarańcze lub 1 szklanka soku pomarańczowego
- 1 cytryna, pokrojona w ósemki
- 1 limonka, pokrojona w ósemki
- 1 butelka białego wina, schłodzonego
- 2 uncje brandy, opcjonalnie
- 2/3 szklanki białego cukru
- 2 szklanki napoju gazowanego lub piwa imbirowego

Wskazówki :

a) W dzbanku wyciśnij sok z kawałków cytrusów.

b) Usuń nasiona i wrzuć kawałki, jeśli to możliwe. Napełnij dzbanek sokiem pomarańczowym, jeśli zamiast niego go używasz.

c) Wlać białe wino do owoców w dzbanku.

d) Dodaj brandy i cukier, jeśli używasz. Aby mieć pewność, że cały cukier się rozpuścił, energicznie mieszaj.

e) Przechowuj w lodówce, jeśli nie podajesz od razu.

f) Aby sangria zachowała musujący smak, tuż przed podaniem dodaj piwo imbirowe lub napój gazowany.

81. Horchata

Porcje: 4 porcje

Składniki

- 1 szklanka białego ryżu długoziarnistego
- 1 laska cynamonu, złamana
- 1 łyżeczka skórki z limonki
- 5 szklanek wody pitnej (podzielone)
- 1/2 szklanki granulowanego cukru

Wskazówki :

a) Ryż zmiel w blenderze, aż uzyska mączną konsystencję.

b) Wymieszaj z laską cynamonu i skórką z limonki i odstaw na noc w szczelnym pojemniku w temperaturze pokojowej.

c) Włóż mieszaninę ryżu do blendera i miksuj, aż kawałki laski cynamonu zostaną całkowicie rozbite.

d) Do mieszaniny dodaj 2 szklanki wody.

e) Namoczyć go w lodówce na kilka godzin.

f) Przecedź płyn przez drobne sito lub kilka warstw gazy do dzbanka lub miski, często ściskając, aby usunąć jak najwięcej mlecznej wody ryżowej.

g) Wymieszaj 3 szklanki wody i cukier, aż cukier całkowicie się rozpuści.

h) Przed podaniem horchatę należy schłodzić.

82. Licor 43 Cuba Libre

Porcja: 1 porcja

Składniki

- 1 uncja Likoru 43
- 1/2 uncji rumu
- 8 uncji coli
- 1/2 uncji soku z cytryny
- Plasterek cytryny, do dekoracji

Wskazówki :

a) Umieść kostki lodu w szklance o pojemności 12 uncji.

b) Do szklanki włóż Licor 43 i rum; uzupełnij colą.

c) Do szklanki wyciśnij sok z cytryny; Mieszaj, aby połączyć; i podawaj z plasterkiem cytryny jako dekoracją.

d) Cieszyć się!

83. Owoce Agua Fresca

Składniki

- 4 szklanki wody pitnej
- 2 szklanki świeżych owoców
- 1/4 szklanki cukru
- 2 łyżeczki świeżo wyciśniętego soku z limonki
- ćwiartki limonki do dekoracji
- lód

Wskazówki :

a) Połącz wodę, cukier i owoce w blenderze.

b) Puree, aż będzie całkowicie gładkie. Napełnij dzbanek lub pojemnik do serwowania mieszaniną do połowy.

c) Dodać sok z limonki i wymieszać do połączenia. W razie potrzeby po degustacji dodać więcej cukru.

d) Podawać z cząstką cytryny lub limonki jako dekorację.

e) Jeśli chcesz, podawaj z lodem.

84. Caipirinha

Porcja: 1 porcja

Składniki

- 1/2 limonki
- 1 1/2 łyżeczki drobnego cukru
- 2 uncje cachaça/likieru z trzciny cukrowej
- Krążek limonkowy do dekoracji

Wskazówki :

a) Za pomocą noża pokrój połowę limonki na małe kliny.

b) W staromodnej szklance rozgnieć limonkę i cukier.

c) Dodaj cachaçę do napoju i dobrze wymieszaj.

d) Dodaj małe kostki lodu lub połamany lód do szklanki, ponownie zamieszaj, a następnie udekoruj kółkiem limonki.

85. Carajillo

Składniki

- ½ filiżanki parzonego espresso lub espresso bezkofeinowego
- 1 ½ do 2 uncji Licor 43
- 8 kostek lodu

Wskazówki :

a) Wlej 12 do 2 uncji Licor 43 na lód w szklance Old Fashioned.

b) Powoli nałóż na wierzch świeżo zaparzone espresso.

c) Wlej espresso na grzbiet łyżki, aby uzyskać efekt warstwowy, a następnie podawaj.

86. Likier cytrynowy

Składniki

- Preferowane organiczne 10 cytryn
- 4 szklanki wódki wysokiej jakości, np. Grey Goose
- 3 ½ szklanki wody
- 2 ½ szklanki granulowanego cukru

Wskazówki :

a) Umyj cytryny szczotką do warzyw i gorącą wodą, aby usunąć pozostałości pestycydów lub wosku. Wytrzyj cytryny do sucha.

b) Usuń skórkę z cytryn w długich paskach za pomocą obieraczki do warzyw, używając tylko żółtej zewnętrznej części skórki. Miąższ, czyli biała część znajdująca się pod skórką, jest niezwykle gorzki. Zachowaj cytryny do wykorzystania w innym naczyniu.

c) Do dużego słoika lub dzbanka wlej wódkę.

d) Wrzuć skórki cytryny do dużego słoika lub dzbanka i przykryj pokrywką lub folią spożywczą.

e) Skórki cytryny moczymy w wódce w temperaturze pokojowej przez 10 dni.

f) Po 10 dniach włóż wodę i cukier do dużego rondla i postaw na średnim ogniu, doprowadzając do powolnego wrzenia, około 5 – 7 minut. Pozostawić do całkowitego ostygnięcia.

g) Zdejmij syrop z ognia i odstaw do ostygnięcia, a następnie połącz go z mieszanką Limoncello ze skórek cytryny i wódki. Napełnij mieszaninę cytryny i wódki do połowy syropem cukrowym.

h) Za pomocą sitka, filtra do kawy lub gazy odcedź limoncello.

i) Wyrzuć skórki. Za pomocą małego lejka przelej zawartość do butelek z ozdobnymi zaciskami.

j) Butelki należy przechowywać w lodówce, aż całkowicie ostygną.

87. Sgroppino

Składniki

- 4 uncje wódki
- 8 uncji Prosecco
- 1 porcja sorbetu cytrynowego
- Opcjonalne dekoracje
- skórki z cytryny
- cząstki cytryny
- nuta cytryny
- świeże liście mięty
- świeże liście bazylii

Wskazówki :

a) W blenderze połącz pierwsze trzy składniki.

b) Przetwarzaj, aż będzie gładka i wymieszana.

c) Podawać w kieliszkach do szampana lub kieliszkach do wina.

88. Aperol Spritz

Składniki

- 3 uncje prosecco
- 2 uncje Aperolu
- 1 uncja sody klubowej
- Dekoracja: plasterek pomarańczy

Wskazówki :

a) W kieliszku do wina wypełnionym lodem wymieszaj prosecco, aperol i sodę klubową.

b) Dodaj plasterek pomarańczy jako dekorację.

89. Włoska soda jeżynowa

Składniki

- 1/3 szklanki syropu jeżynowego
- 2/3 szklanki napoju gazowanego

Wskazówki

a) W szklance o pojemności 10 uncji wlej syrop.

b) Dodaj sodę i dobrze wymieszaj.

90. Włoska granita kawowa

Składniki

- 4 szklanki wody
- 1 filiżanka mielonej kawy palonej espresso
- 1 szklanka cukru

Wskazówki :

a) Zagotuj wodę, następnie dodaj kawę. Kawę przelać przez sitko. Dodaj cukier i dobrze wymieszaj. Pozwól mieszaninie ostygnąć do temperatury pokojowej.

b) Smażyć **składniki** na patelni o wymiarach 9x13x2 przez 20 minut. Za pomocą płaskiej szpatułki zeskrob mieszankę (ja osobiście lubię używać widelca).

c) Zeskrobuj co 10-15 minut, aż mieszanina stanie się gęsta i ziarnista. Jeśli utworzą się grube kawałki, zmiksuj je w robocie kuchennym przed ponownym włożeniem do zamrażarki.

d) Podawać z małą porcją zimnej śmietanki w pięknym, schłodzonym deserze lub klasie Martini.

91. Włoska lemoniada bazyliowa

Porcje: 6

Składniki

- 3 cytryny
- ⅓ szklanki cukru
- 2 szklanki wody
- 1 szklanka soku z cytryny
- ¼ szklanki świeżych liści bazylii

Służyć:

- 2 szklanki wody lub schłodzonej wody gazowanej
- Kruszony lód
- Udekoruj plasterkami cytryny i gałązkami bazylii

Wskazówki :

a) Połącz cukier, wodę i 1 szklankę soku z cytryny w rondlu ustawionym na średnim ogniu.

b) Mieszaj i gotuj, aż mieszanina się zagotuje, a cukier się rozpuści. Zdejmij patelnię z ognia i dodaj liście bazylii oraz paski skórki cytrynowej.

c) Bazylię pozostawić w wodzie na 5-10 minut.

d) Usuń bazylię i kawałki skórki z syropu cytrynowo-bazyliowego, odcedzając go. Przechowywać w lodówce do całkowitego wystygnięcia w słoiku lub innym zakrytym pojemniku.

e) Kiedy już będziesz gotowy podać lemoniadę, połącz w dzbanku koncentrat lemoniady, wodę lub sodę klubową, pokruszony lód i gałązki bazylii.

f) Rozlać do osobnych szklanek.

g) Na wierzch połóż świeże liście bazylii i plasterki cytryny do dekoracji.

92. Imbir

Składniki

- 1 uncja soku z limonki
- 2 małe plasterki świeżego imbiru
- 4 jeżyny
- Sanpellegrino Limonata

Wskazówki :

a) Rozgnieć jeżyny i świeży imbir na dnie solidnej, wysokiej szklanki (pojemność 14 uncji).

b) Do szklanki włóż kostki lodu i uzupełnij Sanpellegrino Limonata.

c) Za pomocą łyżki barowej delikatnie połącz składniki.

d) Dodaj skórkę z cytryny, jeżyny i świeżą miętę do dekoracji.

93. Hugo

PORCJA 1

Składniki

- 15 cl Prosecco, schłodzone
- 2 cl syropu z czarnego bzu lub syropu z melisy
- kilka listków mięty
- 1 świeżo wyciśnięty sok z cytryny lub sok z limonki
- 3 kostki lodu
- shot gazowanej wody mineralnej lub wody sodowej
- plasterek cytryny lub limonki do dekoracji szklanki lub jako dodatek

Wskazówki :

a) Do kieliszka do czerwonego wina włóż kostki lodu, syrop i liście mięty. Polecam wcześniej lekko poklepać liście mięty, gdyż aktywuje to aromat zioła.

b) Do szklanki wlej świeżo wyciśnięty sok z cytryny lub limonki. Do szklanki włóż plasterek cytryny lub limonki i dodaj chłodne Prosecco.

c) Po kilku chwilach dodaj odrobinę gazowanej wody mineralnej.

94. Hiszpańskie frappé ze świeżych owoców

Porcje : 6 porcji

Składniki :

- 1 filiżanka Arbuz, pokrojony w kostkę
- 1 filiżanka Kantalupa, pokrojona w kostkę
- 1 filiżanka Ananas, pokrojony w kostkę
- 1 filiżanka Mango, pokrojone
- 1 filiżanka Truskawki, przekrojone na pół
- 1 filiżanka Sok pomarańczowy
- $\frac{1}{4}$ szklanki Cukier

Wskazówki :

a) Połącz wszystkie **składniki** w misce miksującej. Napełnij blender do połowy zawartością i uzupełnij pokruszonym lodem.

b) Przykryj i wymieszaj na dużej prędkości, aż uzyskasz jednolitą konsystencję. Powtórz z resztą mieszanki.

c) Podawać natychmiast, ewentualnie ze świeżymi owocami.

95. Gorąca czekolada w stylu hiszpańskim

Porcje : 6 porcji

Składnik

- ½ funta Słodka czekolada piekarnicza
- 1 kwarta Mleko; (lub 1/2 mleka i połowy wody)
- 2 łyżeczki Skrobia kukurydziana

Wskazówki :

a) Czekoladę łamiemy na małe kawałki i łączymy w rondelku z mlekiem.

b) Podgrzewaj powoli, ciągle mieszając trzepaczką, aż mieszanina osiągnie temperaturę tuż poniżej wrzenia.

c) Używając kilku łyżek wody, rozpuść skrobię kukurydzianą.

d) Dodawaj rozpuszczoną skrobię kukurydzianą do masy czekoladowej, aż płyn zgęstnieje.

e) Podawać natychmiast w ciepłych szklankach.

96. Zielone Chinotto

Składniki :

- 1 uncja/3 cl syropu z szałwii i mięty
- ¾ uncji/2,5 cl soku z limonki
- Dopełnij Sanpellegrino Chinotto

Wskazówki :

a) Wlej cały syrop i sok do dużej, solidnej szklanki.

b) Za pomocą łyżki barowej dokładnie wszystko wymieszaj.

c) Dodaj lód do szklanki i uzupełnij Sanpellegrino Chinotto.

d) Podawać z kawałkiem limonki i świeżą miętą jako dekorację.

97. R oza Spritz _

Porcje : 1 napój

Składniki

- 2 uncje różanego aperitivo lub likieru różanego
- 6 uncji Prosecco lub wina musującego
- 2 uncje sody
- Kawałek grejpfruta do dekoracji

Wskazówki :

a) W shakerze wymieszaj 1 część różanego Aperitivo, 3 części Prosecco i 1 część napoju gazowanego.

b) Energicznie wstrząśnij i przelej do kieliszka koktajlowego.

c) Dodaj pokruszony lód lub kostki lodu.

d) Dodaj plasterek grejpfruta jako dekorację. Wypij jak najszybciej.

98. Ho ney bee cortado

Składniki :

- 2 shoty espresso
- 60 ml spienionego mleka
- 0,7 ml syropu waniliowego
- 0,7 ml syropu miodowego

Wskazówki :

a) Zrób podwójne espresso.

b) Doprowadzić mleko do wrzenia.

c) Kawę wymieszać z syropami waniliowo-miodowymi i dobrze wymieszać.

d) Spieniamy cienką warstwę na mieszaninie kawy i syropu, dodając równe części mleka.

99. Gorzkie cytrusy

Porcje: 2

Składniki :

- 4 pomarańcze, najlepiej organiczne
- 3 łyżki anyżu gwiazdkowatego
- 1 łyżka goździków
- 1 łyżka zielonych strąków kardamonu
- 1 łyżka korzenia goryczki
- 2 szklanki wódki lub innego mocnego alkoholu

Wskazówki :

a) Do szklanego słoika dodaj suszoną skórkę/skórkę pomarańczy, pozostałe przyprawy i korzeń goryczki. Aby odkryć nasiona w strąkach kardamonu, zmiażdż je.

b) Używając wybranego mocnego alkoholu, całkowicie przykryj skórki pomarańczy i przyprawy.

c) Wstrząsać mieszaninę z alkoholem przez kilka następnych dni. Odczekaj kilka dni lub tygodni, aż skórki pomarańczy i przyprawy przenikną do alkoholu.

d) Z aromatycznej nalewki alkoholowej odcedź skórki i przyprawy.

100. Pisco Kwaśny

Porcje 1

Składniki

- 2 uncje pisco
- 1 uncja prostego syropu
- ¾ uncji soku z limonki
- 1 białko jaja
- 2-3 kreski Angostura Bitters

Wskazówki

a) W shakerze koktajlowym wymieszaj pisco, sok z limonki, syrop cukrowy i białko jaja.

b) Dodaj lód i mocno wstrząśnij.

c) Przecedzić do zabytkowej szklanki.

d) Na piankę nałóż kilka kropel Angostury Bitters.

WNIOSEK

Zamykając strony „Śródziemnomorskiej podróży kulinarnej", mamy nadzieję, że poczuliście ciepło śródziemnomorskiego słońca i objęcie jego bogatego dziedzictwa kulinarnego. Dzięki każdemu przepisowi nawiązałeś kontakt z przeszłymi i obecnymi pokoleniami, odkrywając sztukę przekształcania prostych składników w niezwykłe dania, które odżywiają zarówno ciało, jak i duszę.

Niech smaki Morza Śródziemnego nadal będą inspiracją dla Twoich kuchennych przygód. Niezależnie od tego, czy odtwarzasz cenne wspomnienia, czy rozpoczynasz nową kulinarną eksplorację, niech duch Morza Śródziemnego napełni każdy kęs radością, wdzięcznością i poczuciem połączenia z otaczającym nas światem.

Dziękujemy, że wyruszyliście z nami w tę podróż. Gdy będziesz nadal delektować się słońcem podczas gotowania, niech Twój stół będzie miejscem świętowania, połączenia i najczystszej radości z wykwintnych smaków życia.

www.ingramcontent.com/pod-product-compliance
Lightning Source LLC
LaVergne TN
LVHW021652060526
838200LV00050B/2324